ちくま文庫

虐殺のスイッチ

一人すら殺せない人が、なぜ多くの人を殺せるのか?

森達也

筑摩書房

虐殺のスイッチ　目次

まえがき

この原稿を書いている二〇二三年五月、僕にとって初めての劇映画作品となる『福田村事件』の試写が始まる。いろいろ悔やむことはあるけれど、出来不出来はともかくとして今の僕の思いやテーマを、できるかぎり凝縮した作品にはなったとは思う。

この映画の背景は、今からちょうど一〇〇年前の関東大震災時に起きた朝鮮人虐殺だ。未曾有の災害と流言飛語にパニックになりながら、多くの市民が朝鮮人狩りに狂奔した。殺された人の数は公式には六〇〇〇人前後。でも間違いなくもっと多い。映画を撮りながら、自分がもしもその場にいたらと何度も想像した。殺される側ではない。殺す側にいる自分だ。

……などと書き始めると、少し危ない人だと思われるだろうか。でも事実だ。ずっと虐殺が頭から離れない。だからやっぱり考える。なぜ自分は虐殺について、集団が集団を殺戮する現象について、憑かれたように考え続けているのか。

考え始めたきっかけはわかっている。オウム真理教の信者たちを被写体にしたドキユメンタリー映画『A』を撮影したことだ。

地下鉄サリン事件が発生した一九九五年三月二〇日以降、日本社会はパニック状態になった。テレビは早朝から夜中までオウム真理教の特番ばかりで、新聞一面はオウム関連の記事で埋め尽くされた。そのすべてに共通する前提は、彼らは邪悪で凶暴で危険な殺人集団であることだ。言ってみればオウムは、戦後初めて国内に出現した絶対悪であり、社会に牙を剝いた公共敵だ。叩くことに容赦は不要だ。メディアも社会も治安権力や行政もオウム叩き一色になり、この状態が一年以上も続いた。

もちろん、危険な集団であるとの認識は間違っていない。実際に彼らは多くの人を殺傷したし、もっと多くの人を殺傷しようともしていた。でも事件には加担していない一般信者の子供たちの就学を拒否したりあからさまな別件逮捕を多くの人の目の前で遂行したりする状況は、完全に一線を越えていた。明らかな人権侵害だ。ところが異を唱える人はほとんどいない。行政はもちろん、市井の人権関連団体のほとんども沈黙していた。

この時期に僕はテレビディレクターだった。信者たちを被写体にするテレビドキュメンタリーを企ててオウム施設内に入ったとき、屈託のない彼らの笑顔と穏やかな応対に出会って混乱した。邪悪で凶暴などの要素は欠片《かけら》もない。だから撮りながら考え続けた。なぜこれほどに純朴で穏やかな人たちが、多くの人を殺そうとしたのか。殺したのか。

　もちろん僕以外にも記者やディレクターなど多くのメディア関係者が、このときはオウム信者に接していた。彼らも驚いたはずだ。でもその後も記事や番組など彼らのアウトプットは変わらない。凶暴で冷酷な集団であることは前提のままだ。なぜなら社会がその情報を求めるからだ。メディアはこれに抗わない。もしもこの時期にオウム信者一人ひとりは善良で穏やかですなどとアナウンスしたり記事に書いたりしたら、そのテレビ局や新聞社はオウムを擁護するのかと罵声と批判の集中砲火を浴びていただろう。視聴率や部数は急激に下落するし、スポンサーは降りるかもしれない。会社としてメリットは何一つないのだ。

　ならばなぜ僕はこの回路から離脱できたのか。

　その理由のひとつは、オウム信者たちを被写体にしたドキュメンタリーを長期にわたって撮り続けたこと。結果としてはこの時期、僕以外にドキュメンタリーという発想をした人はいなかった。そしてもうひとつの理由は、撮影開始直後に番組制作会社から解雇されて一人になったことだ。

　信者たちが居住するオウム施設内でカメラを手に一人でうろついているのだから、

一般市民とは言い難い。でもメディアにも居場所はない。もちろんオウムに入信することもありえない。

後ろ盾がまったくない。仲間もいない。徹底的に一人だった。施設内でカメラを回しながら、自問自答の時間が続く。その主語は常に一人称単数だ。テレビがナレーションなどでよく使う「我々」ではない。だから述語が変わる。変わった述語が自分にフィードバックする。視点が変わる。ならば世界は変わる。これまで見えなかった景色が見えてくる。

テレビから排除されたテレビディレクターが撮る映像に、どのような意味があるのか。これは発表できるのか。この先自分はどんな人生を送るのか。何もわからない。でも撮影を止めることもできない。撮りながら自分の内側で何かが変わりつつあるような感覚があった。何かのスイッチが入ったのか。あるいは何かのポーズが解除されたのか。いずれにしてもその感覚は、その後も今に至るまでずっと、僕の内側で駆動し続けている。

なぜ人は優しいままで人を大量に殺せるのか。

結果として社会とメディアは、この煩悶を選択しなかった。凶暴凶悪だから人を殺したという単純な構図にオウム事件を押し込めた。確かにそれはわかりやすい。でも事実とは違う。

その後に僕はアウシュビッツ・ビルケナウ強制収容所を訪ねた。同じポーランドでポーランド人がユダヤ人を大量虐殺したイェドバブネ村にも行った。

朝鮮半島の三八度線に行った。イムジン川の向こうには、畑を耕す北朝鮮の農夫が見える。その後に平壌に一週間ほど滞在した。

沖縄のガマを訪ね歩いた。関東大震災時の朝鮮人虐殺の慰霊祭に参加した。八月は毎年のように広島と長崎に行く。再建中のアメリカ同時多発テロ跡地には何度か足を運んだ。イラク戦争でPTSDになった元米軍兵士に話を聞いた。

ヨルダンのパレスチナ難民キャンプでホームステイした。自国の軍隊が数万人の島民を殺害した韓国の済州島で、多くの展示や傷跡を見た。ザクセンハウゼンなどドイツ国内に残されているいくつかの強制収容所を訪ね、ナチス幹部たちが集まってユダヤ人への最終計画を決定したヴァンゼー邸宅にも行った。カンボジアのキリングフィールドとS21（政治犯収容所）に行ったときに思ったことは、この本の冒頭に記している。

ちょうどこの時期、僕は東京拘置所に通い始めていた。死刑判決を受けた六人の元オウム信者に面会するために。男たちはやっぱり穏やかだった。善良で優しかった。でも彼らが多くの人を殺害したことも確かだ。

何度でも書く。凶悪で残虐な人たちが善良な人たちを殺すのではない。普通の人が普通の人を殺すのだ。世界はそんな歴史に溢れている。ならば知らなくてはならない。その理由とメカニズムについて。スイッチの機序について。学んで記憶しなくてはならない。そんな事態を何度も起こさないために。

でも僕たちが暮らすこの国は、記憶する力が絶望的なほどに弱い。むしろ忌避している。殺す側は邪悪で冷酷。その思いが強いからこそ、過去に自分たちがアジアに対して加害した歴史を躍起になって否定しようとする。被害の側に過剰に感情移入するからこそ、加害の側をより強く叩こうとする。加害と被害は反転しながら連鎖することに実感を持たない。

僕が面会と手紙のやりとりを続けた六人のオウム信者はもういない。みな処刑された。人を殺したから殺される。なぜなら悪人だから。生きる価値がないから。それでよいのか。そんな社会で本当によいのか。

だから終わらせてはいけない。忘れないために。善良な人が善良な人を殺す。その理由とメカニズムについて考えねばならない。忘れたらまた同じことをくりかえす。

過去に起きた戦争や虐殺よりも恐ろしいことがひとつだけある。過去に起きた戦争や虐殺を忘却することだ。

これはまえがきなのだから、あまり欲張らないほうがいい。でも少なくともこれだけはあなたに伝えたい。加害する側の悲しみを知ってほしい。もちろん被害の側の絶望と恐怖も知ってほしい。そう願いながらこの本を書いた。だってどれほど悔やんでも、もう元には戻せない。今さらなかったことにはできないのだ。僕のこの願いが、少しでもあなたに届いたら嬉しい。

1 なぜ人はこれほど残虐になれるのか

カンボジアの残像

トゥール・スレン虐殺犯罪博物館にて

ベトナム戦争が終結した一九七五年四月、そのベトナムと国境を接するカンボジアの首都プノンペンは、クメール・ルージュ（ポル・ポト派）によって制圧された。プノンペン市民に熱狂的に迎えられたクメール・ルージュは、親米的なロン・ノル政権の高官や兵士たちを処刑した後に、最高指導者であるポル・ポトの指示のもと、国民の私有財産を没収し、カンボジア国内の企業や銀行、宗教施設や学校などを閉鎖することを決定した。

その狙いは、教育や貨幣経済を廃止して、徹底した平等を実践すること。あまりに極端過ぎる。クメール・ルージュを解放軍と見なしていたプノンペン市民は当然ながら混乱するが、さらにポル・ポトは、市民たちを市内から農村部へ強制移住させることを決定した。最終的な目標は原始共産制の実現だ。

もしもこのとき誰かが、「現実離れにも程《ほど》がある。なぜあなたはカンボジア国民を苦しめるのだ」と言ったならば、ポル・ポトは目を丸くして、「これはカンボジア国民のためなのだ。きっと彼らも後で理解する」と答えただろう。

そこに嘘はない。本気なのだ。後ろめたさなど欠片もない。だから揺るがない。こうして正義は肥大する。善意は暴走する。そしてこの二つが一つになった怪物は、ありえないほど多くの人を加害する。


――――――――


それから、およそ四〇年が過ぎた。僕はプノンペンにいた。多くの市民が往来する路上にはミーチャー（焼きそば）やバイチャー（炒飯）などの香りが溢れ、露店に置かれたマンゴーやジャックフルーツの切り身や半分に割られたココナッツなどが、強烈な陽の光を反射している。

暑い。熱気が身体を包む。そういえば昼食をまだ食べていないと思いながら周囲を見渡せば、目が合ったトゥクトゥク（三輪車タクシー）のドライバーが陽気な大声を上げながら近付いてくる。あわてて片手を小さく振ってノーサンキューを示しながら、トゥクトゥクのドライバーたちがたむろする一角のすぐ後ろに視線を送る。

鉄条網を上に張った高いコンクリートの塀がそびえている。これがS21だ。正式名称は国立トゥール・スレン虐殺犯罪博物館。クメール・ルージュはここをセキュリティプリズン21（S21）と呼んだ。受付のある門から敷地内に入る。入場料は二ドルだった。

庭は綺麗に整備されている。敷地内には三階建ての建物が三棟。すぐ前を歩いていた欧米からの観光客たちを率いるカンボジア人のガイドが、「クメール・ルージュがプノンペンを制圧する前、ここは学校でした」と甲高い英語で説明している。

手前の棟に足を踏み入れる。中庭に向かって大きな窓がはめられた廊下と横に並ぶ部屋（旧教室）。作りは確かに校舎だ。最初に入った部屋の広さは二〇畳ほど。子どもたちが使っていたはずの椅子や机はない。部屋の中に置かれているのは、骨組みだけが残る金属製のベッドが一つ。その横には囚人たちの足首にはめられていた鉄製の拘束具が転がっている。他には何もない。窓には鉄格子がはめられている。

隣の教室にもベッドが一つ。その横に立てられたパネルに写真が展示されている。この部屋で看守たちが（おそらく記録と報告用に）撮ったモノクロ写真だ。そのすべては血みどろの死体。息絶えた男や女たちのほとんどの顔には、苛烈な拷問を示すように、苦悶の表情が刻まれている。

見ながら気づく。この施設のコンセプトは、「そのまま残す」ことなのだ。隠さない。加工しない。上書きしない。ほとんどの教室の床や壁には黒ずんだ血痕が残されている。洗ったりこすったりした気配はない。もしも顔を近づければ、乾いた血の匂いがするかもしれない。およそ四〇年前の血の匂いだ。

おそらくはこの部屋一つだけでも、数百人の男や女が苦悶と絶望の声を上げながら死んでいったはずだ。血は滴る。遺体は積み重なる。剝《む》き出しの床や壁には、その気配や記憶が染み付いている。

朝起きたら歯を磨くように人を殺す

一九六四年、今では半ば（アメリカの）謀略であることが明らかになっているトンキン湾事件を契機に、アメリカはインドシナの戦争に本格的に介入した。しかし、戦況は膠着《こうちゃく》し、北ベトナムへの支援を続けるカンボジアに業《ごう》を煮やしたアメリカは、国家元首のノロドム・シアヌークがモスクワに滞在している隙を狙い、一九七〇年にアメリカ寄りのロン・ノル将軍にクーデターを起こさせた。

政権を手中に収めたロン・ノルは、アメリカの指示に従って北ベトナムへの支援を停止した。次にカンボジア国内に避難していたベトナム系住民を迫害し、激しい反ベトナムキャンペーンを行った。

同時期にアメリカは、北ベトナムへの補給路を断つことを名目にカンボジアへの空爆を始め、ロン・ノル政権になって以降、人口密集地域を含むカンボジア全域に拡大された空爆で、多くの人々が犠牲となっていた。

ここまでは共産主義への恐怖に駆られながら帝国主義を剝き出しにしたアメリカの思惑どおり。しかし、ここからは思惑が外れる。国民的な支持を集めるシアヌークは、ロン・ノル政権を倒すために、かつて敵対していたクメール・ルージュ（この時期はカンボジア共産党）と連携することを決意する。つまり敵の敵は味方。そして度重なる空爆に、カンボジア国民がアメリカ（ロン・ノル政権）に向ける怒りは頂点に達していた。

こうして国民（特に農村部）からの支持を集めたクメール・ルージュは、一九七五年四月に首都プノンペンを制圧した。アメリカに逃亡したロン・ノルはハワイからカリフォルニア州に移り住み、やがて失意のままに客死する。

ここまではシアヌークの計画どおり。だが、思惑はやはり外れる。

歴史を少し学べば、為政者の思惑どおりに事態が進むことなど、とても稀有であることに気づく。まして戦争は多くの変数の産物だ。どうなるかは誰にも予測などできない。

カンボジアを支配したクメール・ルージュは、帰国したシアヌークを名目上の国家元首に祭り上げて王宮に幽閉した。彼らの非現実的な政策はカンボジア全土に深刻な食糧危機をもたらして、市民たちが強制的に移住させられた集団農場では多くの人が餓えて死んだ。

飢えだけではない。クメール・ルージュの兵士たちは、人々を大量に殺戮《さつりく》した。朝起きたら歯を磨くように、朝食の後で軽く散歩するように、兵士たちは人々を殺し続けた。一九七五年から七九年まで続いた三年八カ月のクメール・ルージュ政権下で殺害された人の数は、国連の推計によれば一五〇万人（餓死も含めて）で、当時のカンボジア国民の七分の一になる。

だから、やっぱりわからなくなる。もう一回ポル・ポトに質問したくなる。なぜこれほどに多くの人を殺すことができたのか。あなたたちは血に飢えた獣《けもの》なのか。人が苦しむ姿を見ることで快楽を感じるサイコパスなのか。

もしもそんな質問を、ポル・ポトや側近のイエン・サリ、キュー・サムファンなどにぶつけたら、彼らはやっぱり目を丸くしてから、「残念ながら君の理解が足りない」と真顔で答えるだろう。我々は好きで殺しているわけではない。より良き世界のためには、多少の犠牲は仕方がない。これは国家のためだ。より多くの国民の生命や安全を守るためなのだ。きっと彼らも後で理解する。

為政者が「国民の生命と安全を守るため」を頻繁《ひんぱん》に口にするとき、国は大きな過ちを犯す。それは歴史が証明している。厄介なことに彼らは本気なのだ。だから過ちに気づかない。ただしクメール・ルージュの暴走と過ちは、その規模と犠牲者の数があまりにも別格すぎる。なぜ抑制は働かなかったのか。なぜいくらなんでもと思わなかったのか。

指導者であるポル・ポトが共産主義に傾倒したのはフランス留学時代。帰国したポル・ポトは運動を続けながら歴史の教師として生計を立てていた。つまり、彼は知識エリートだ。だからこそ、政権を脅かす存在としての「知識人」階層の抹殺を企てた。その標的は学者や教師から始まったが、やがて字が書ける者、本が読める者、ついには眼鏡をかけている者までが、知識人階級としてS21（トゥール・スレン収容所）で殺害された。

……資料や文献などではこのような記述が多いが、よく考えると、これもやっぱりわかるようでわからない。自分が知識エリートだからこそ知識階級を危険視した。浅いレベルで「ああなるほど」と言ってしまいそうだけど、よく考えたら意味不明だ。ある程度は理解する。しかし、あくまでもある程度だ。得心まではとてもゆかない。何となく言葉遊びの気配もある。実感が追いつかない。

……ここまでを書きながら気がついた。実感なのだ。どうしてもこれを持てない。なぜこれほどに残虐になれるのか。無慈悲に人を殺せるのか。これほどに理性や感情をなくすことができるのか。抑制が働かなくなるのか。

でも考えなくては。歯を食いしばって思考しなくては。だって現実に多くの人が死んだ。殺された。その理由は何か。メカニズムは何か。何が過剰だったのか。あるいは何が足りなかったのか。

惨劇の痕跡

S21で行われた拷問は苛烈だった。逃れる方法は一つしかない。「自分はアメリカ帝国主義のシンパだった」「自分はベトナムのスパイだった」などと嘘でもいいから自白すれば、すぐに責め苦からは解放される。つまり、その日のうちに処刑される。

結局、収容された約二万人のうち、生還できたのは八人だけだった。ひと通り館内を回った後に、館長が待つ部屋で、生き残った八人のうちの一人であるボウ・ミンさんを紹介された。

拘束前は画家で生計を立てていたボウ・ミンさんは、自分が生き残った理由を、「拘束時に描いたポル・ポトの肖像画が気に入られたからだと思う」と説明した。求められるままに、党中央の幹部たちの似顔絵を彼は描き続けた。生き延びるために。同じくS21に収容された妻が、到着早々にナイフで咽喉《のど》を切られて殺害されていたことは後で知る。

妻を殺した若い看守は、今はプノンペンで一市民として生活している。その名前や住所をボウ・ミンさんは知っている。でも会いに行ったことはないと言う。ボウ・ミンさんの口調はゆっくりだ。表情もほとんど動かない。でもそれは穏やかとか物静かとは少し違う。いろんな感情を内側に押し込めてしまったかのように僕には見える。

加害者の数があまりに多いことと殺害せねば自分が殺されるという極限的な状況にあったとの解釈から、当時の兵士や看守のほとんどは刑事責任から免責されている。つまり今のカンボジアでは、かつての加害者と被害者遺族が混在しながら市民生活を送っている。

処刑された遺体は校庭など敷地内に埋められたが、すぐに埋める場所がなくなり、一九七七年には処刑場と埋葬場をプノンペンの南西一五キロにあったチュン・エク村の一角（のちに「キリング・フィールド」と呼ばれることになる）に移動した。

ボウ・ミンさんに礼を言ってから棟の外に出た。南国の陽射しは熱い。そして、空は何かの間違いじゃないかと思いたくなるほどに青い。

バスがキリング・フィールドに到着したのは午後一時半。入場ゲートから敷地内に入る。入場料は六ドル。広い。緑が濃い。公園に遊びに来たかのような感覚に捉われる。とはいえ、ここに遊びに来る人はいない。熱帯の太陽が照り付ける慰霊塔のガラスケース内には、日本では露悪的過ぎるとしてありえないだろうが、ここで掘り起こされた数多くの頭蓋骨が展示されている。

銃弾を節約するために、彼らの多くは銃剣やナイフ、鍬《くわ》や鋤《すき》などで殺された。ヤシの葉の鋭い棘《とげ》がある部分で咽喉を切られて殺害された人も多かった。もちろんすぐには絶命しない。動けないようにロープで拘束して、何度も棘で鋸のように咽喉を掻き切るのだ。大きな菩提樹の横には巨大なスピーカーが吊るされていて、人々の断末魔の叫びを周囲の村人たちに気づかれないように、常に最大ボリュームで民族音楽を流していたという。

一本の巨大な樹木の前で、園内ガイドが立ち止まった。この樹はキリング・ツリーと呼ばれている。赤ん坊を処刑する際には、足を持って振り回し、この樹木の硬い幹に頭部を何度も打ち付けた。ロープで縛られた母親はそばで絶叫する。赤ん坊を殺し終えた兵士や看守たちは、次に母親を裸にして凌辱《りょうじょく》し、最後に木の棒などで殴り殺したという。

……カンボジアでこんな殺戮《さつりく》が行われていたとき、僕は高校生だった。友人たちと8ミリカメラで映画を撮ったり女の子とデートしたりクラスの悪友たちと授業を抜け出してマージャンをやったりしていた。兵士や看守たちのほとんどは十代後半。つまり、当時の僕とほぼ同じ歳だ。

だから、やっぱりわからない。なぜこれほどに人は残虐になれるのか。なぜこれほどに冷酷なことができるのか。殺さねば殺される。その状況は確かだ。でも自分が殺されるかもしれないと脅えながら、これほど残虐な方法で赤ん坊を殺せる理由がわからない。女性を殺害する前に凌辱できる理由がわからない。新たな収容者がトラックで運ばれてくるたびに、兵士や看守たちはゲラゲラ笑っていたという。新しい玩具が到着したという感覚なのだろうか。

観光客が無言で歩き続けるその足の下の土からは、今も殺された人々の骨や歯が発掘されるという。現実に圧倒される。まるで悪夢の中にいるようだ。思考どころか感覚がまったく追いつかない。

バスに乗るためにキリング・フィールドの外に出る。大勢の外国人観光客でゲートの周辺は混雑している。ただしもちろん、他の観光地で見かける観光客の表情とはまったく違う。多くの人は寡黙《かもく》だ。じっと考え込んでいる。門の横には大きな看板がある。ここでの殺害状況を克明に英語で記述するその看板には、「(兵士たちは) 恥ずべきレイプに耽《ふけ》り続けた」という一文があった。

看板を見上げながら思う。もしもカンボジアにも日本と同じように右派や保守勢力やネトウヨがいるのなら (いないはずはないと思うが)、この展示は自虐史観だと抗議するのだろうか。ネットは炎上するのだろうか。

トゥール・スレン虐殺犯罪博物館やキリング・フィールドには世界から多くの人が訪れる。多くの人が過去の惨劇を目撃する。ならば右派や保守勢力やネトウヨは、従軍慰安婦や南京虐殺などが話題になる日本と同じように、この展示はカンボジアの国益を大いに損なっていると主張するのだろうか。

現地で何人かに聞いた。そんな声がまったくないわけではないが、ごく一部だ。少なくとも現在のカンボジア（フン・セン首相の独裁体制を支持するつもりはまったくないが）に生きる人たちは、自分たちの過去から目を逸《そ》らさない。ごまかさない。自分たちが加担した惨劇を直視し続ける。国立の施設で自分たちの蛮行と恥辱を公開することに、同意を示している。

戦後レジームから脱却しようと叫ぶ為政者が支持されるわけでもない。自国民を礼賛する内容とタイトルの書籍やテレビ番組などがブームになるわけでもない。恥辱を隠さない。意味不明だからと目を逸らさない。解釈の努力を持続する。全世界に向けて情報を公開する。

同時に、やはりいくら考えてもわからない。なぜ人はこれほどに残虐な行為に耽ることができるのか。どうしても実感できない。やがて思う。まずは認めるしかないのだ。人はそんな存在なのだと。理由は後から考えよう。そう思いながら日常に戻る。もしかしたら明日から、日常の景色が変わって見えるかもしれないな、などと思いながら。

――――――――

カンボジアから帰国して、もう三年が過ぎた。本音を書けば、今もはっきりとはわからない。実感できていない。でもドキュメンタリーを撮ることを仕事の一つにしていることもあって、普通の生活をしている人に比べれば、少しだけ危険な場所に行く機会が多い。普通なら会えない人に会う機会も少なくない。だから補助線らしきものはいくつかある。探せばもっと見つかるかもしれない。

わからないままで済ませたくない。もっと考えたい。そして見つけたい。人はなぜ人を殺すのか。人はなぜ人を加害するのか。一人すら殺せない人が、なぜ多くの人を殺せるのか。人とはどういう生きものなのか。

2 どうしても学校や会社には適応できない

僕が虐殺に関心を抱いた理由（その1）

吃音のいじめられっ子だった頃

僕は広島県の呉《くれ》市で生まれた。ただし記憶はない。なぜなら呉市にいたのは数カ月だけ。海上保安庁に勤める父は転勤が多く、小学校で三回、中学校を一回転校している。広島から青森、さらに新潟、石川、富山、そしてまた新潟に戻って高校を卒業した。

転校は子どもにとって大きなストレスだ。だって自分の環境と世界を強制的に変えられるのだ。住み馴れた街や友だちとは今日が最後。明日からは初めての学校に通わねばならない。新しい街で新しい友だちを作らねばならない。

……そうしたストレスの積み重ねが原因の一つだったと思うけれど、小学校高学年の頃、重度の吃音《きつおん》だった時期がある。多くの人は吃音というと、「ぼ、ぼ、ぼ、ぼくの名前は」など最初の音を繰り返すばかりで次の音が出ない症状（連声型）を思い浮かべるが、僕の場合は最初の音を口に出せないという症状（無声型）だった。失声症もミックスされていたのかもしれない。特に言葉の最初が母音（あいうえお）だと、まったく声を出せなかった。

転校したてなのに友だちと話すことができない。話しかけられてもまともに答えられない。休み時間にはいつも一人だった。当時のクラスメイトたちに僕の印象を質問したら、とにかく無口で陰気な奴だったなあ、などと答えるはずだ。無口で当たり前。しゃべりたくてもしゃべれなかったのだ。

転校生はいじめの標的になりやすい。特に暗くてしゃべらない僕は、常にいじめっ子たちに目を付けられる存在だった。でも身体が大きいほうで、まあまあ成績もよかったから、いつの間にかいじめられるリストから外される。その繰り返しだったように思う。

中学を卒業する頃には、吃音はだいぶ軽度になっていた。ただし、いじめっ子たちは次の標的を探す。僕の代わりにクラスの誰かがいじめられていた。いじめる側は常に何人かいる。ジャイアンにはスネ夫たち取り巻きがいた。親分と複数の子分。そして、いじめられる側は常に一人。逆はまずありえない。つまり多数が一人を追い詰める。集団が個をいじめる。

当たり前じゃないかって思われるかもしれないけれど、考えたら不思議だ。加害するのは常に多いほう。加害されるのは少ないほう。加害するのは強いほう。加害されるのは弱いほう。

いつもそうだ。なぜだろう。どんな理由とメカニズムが働いているのだろう。だが、この頃はそんなことまで考えない。何しろいじめられている当事者なのだ。余裕がない。毎日がつらかった。学校など燃えてなくなればいいと本気で何度も思った。

やがて、吃音のうえに極端な偏食になった。給食のメニューがほとんど食べられない。無理に飲み込もうとすると吐きそうになる。当時の給食は残すと先生に叱られる。食べ終えるまで机を離れることは許されない。

時間をかけても食べきることはできない。咽喉を通らないのだ。給食のおかずをこっそりとチリ紙に包んで机の中に隠した。パンは鞄《かばん》に入れた。今も不思議だけど、これを捨てるという発想がなかった。

いつの間にか机の中は残した給食で一杯になり、異臭がすると誰かが言い出して、先生に机の中を開けられて、クラス中が大騒ぎになったこともある。

この頃に不眠症になった。髪がごっそり抜けた時期も重なっている。たまりかねた母親に心療内科に連れていかれて診察を受けたこともある（結論は「少し様子を見ましょう」だったと記憶している）。とにかく暗くてつらい少年時代だった。

映画を「作る」楽しみ

高校は進学校。卒業生のほとんどが大学に進学する。けっこう自由な学校だったと思う。一応の制服はあるのだけど、私服で通う学生もたくさんいた。転校生というハンデもない。やっと大きく呼吸ができるような気分だった。

高校二年のときクラスメイトから、映画作りに参加しないかと誘われた。この時代にビデオはまだ存在していない。8ミリ映画だ。病院の跡取り息子で高価なカメラや映写機などを持っていた彼が、脚本を書いて監督も務めた。

内容は「かぐや姫」をアレンジしたラブストーリー。未来世界からタイムスリップしてきた女子高生に男子高生たちが必死でアプローチするが、彼女はこの世界の住人ではないから、男子高生たちの求愛を受けることができない（タイムパラドックスとかなんとか、そんな理屈をこじ付けていたと思う）。

だから彼女は無理難題を男子高生たちに突き付ける。でも最後に、心から愛する男子高生に出会ってしまう。……本当に他愛のない内容だ。とにかくこれが初めて参加する映画作りだった。

まずはキャスティング。最後に登場する男子高生役は、背が高くてハンサム（当時はイケメンという言葉はない）でギターもうまいクラスメイトの中川雅志《なかがわまさし》が演じることに決まった。後に彼は火坂《ひさか》雅志というペンネームで歴史小説家になった。NHKの大河ドラマ「天地人《てんちじん》」の原作となった小説も彼の作品だ。でも、二〇一五年に早逝《そうせい》した。新宿ゴールデン街で再会して、酒を酌み交わしたのは一回だけ。もっと会っておけばよかったと今になって思う。

未来世界からタイムスリップしてきた主役の女子高生役は、地元ではお嬢様学校として有名な女子高に通っていた女の子を監督が指名した。とりあえず、この二人がメインキャスト。その他の出演者は制作するスタッフたちが兼任する。

僕のポジションは、スタッフとしては助監督で、キャストとしては姫を口説く男子高生の一人だった。交際の条件として彼は、「泳いで佐渡島《さどがしま》まで行ってほしい」と彼女から言われる。決死の覚悟で島まで泳いで意気揚々と戻ってきたら、「私は『行ってほしい』と言ったけれど、『帰ってきて』とは言っていない」と言われ、仕方なくまた佐渡島に向かって泳ぎ、そのまま行方不明になるという役だった。

脚本を読んで「こんな頭の悪そうな役は嫌だ」と言ったら、「おまえをイメージして脚本を書いたのだから、やってくれなければ困る」と監督に真顔で言われて、じゃあ仕方ないかと演じた。どうしてそんな理由で納得したのだろう。今も不思議だ。

撮影と編集作業を終えて完成した作品は、文化祭で教室を借りて上映した。観客が予想以上に多くて驚いた。もちろんそのほとんどは（他校も含めて）高校生だ。笑ったりどよめいたりしているその様子を映写機の後ろから眺めながら、「映画って観るだけじゃなく、自分で作って人に観せることもできるのか」と改めて気がついた。

アメリカン・ニューシネマの時代

映画館に通い出したのは、高校入試が終わって少し長めの春休みの時期だった。映画好きの友人に街の名画座に誘われて、二本立ての映画を観た。『イージー★ライダー』（デニス・ホッパー監督、一九六九年）と『いちご白書』（スチュアート・ハグマン監督、一九七〇年）。それまでは映画と言えば、東映まんがまつりか東宝の怪獣映画、他には『サウンド・オブ・ミュージック』（ロバート・ワイズ監督、一九六五年）など文部省推薦映画だけだったから、この二本の映画の衝撃はすさまじかった。

いが始まる。誇張ではなく、映画が終わってもしばらくは席から立てなかった。それから映画館通

こうして僕は、アメリカン・ニューシネマの時代にぎりぎり間に合った。当時のアメリカ映画の多くは、反ベトナム戦争で反権力・反体制のスタンスだ。このころに観た映画を思い出すままに挙げれば、『俺たちに明日はない』(アーサー・ペン監督、一九六七年)に『真夜中のカーボーイ』(ジョン・シュレシンジャー監督、一九六九年)、『明日に向って撃て!』(ジョージ・ロイ・ヒル監督、一九六九年)とか『卒業』(マイク・ニコルズ監督、一九六七年)など。

これらすべてに共通することは、主人公は正義じゃないしヒーローでもなく、ストーリーも勧善懲悪でないことだ。『イージー★ライダー』の主人公であるキャプテン・アメリカ(ピーター・フォンダ)と相棒のビリー(デニス・ホッパー)は、よそ者のヒッピーであることで行きずりの農夫にいきなり射殺されて映画は終わる。続けて観た『いちご白書』は、政府の方針に反対して大学の講堂に学生たちと立てこもったサイモン(ブルース・デイヴィソン)とリンダ(キム・ダービー)は、大学側が呼び込んだ機動隊に一方的に暴行されて血だらけになりながら拘束されるシーンがラストだ。

旧き良きアメリカ映画の王道は、ジョン・フォード監督に代表される西部劇だ。主人公のジョン・ウェイン率いる騎兵隊《きへいたい》は絶対的な正義で、これと戦うインディアン（当時の呼称。アメリカ先住民を示すが、現在はネイティブ・アメリカンという呼称が使われる）は野蛮で狂暴という図式が定番だった。そして最後には必ず正義が勝つ。

アメリカン・ニューシネマの代表作の一つである『ソルジャー・ブルー』（ラルフ・ネルソン監督、一九七〇年）は、この構図を一八〇度ひっくり返す。純朴で善良なインディアンたちを何度も騙し続け、最後には襲撃して女性や子どもまでも皆殺しにする凶悪な白人たち。これは明らかにベトナム戦争のメタファーだ。

視点を変えれば、物事はこれほどに変わる。絶対的な正義など存在しない。そして正義は時として人を激しく加害する。……そんな意識を当時の自分がどれくらい強く持ったかはわからないけれど、これらの映画を観ながら、強い衝撃を受けたことは確かだ。

アメリカン・ニューシネマだけではない。ジャン＝リュック・ゴダールやフランソワ・トリュフォーなど、ヌーヴェルバーグの監督たちの作品もこの頃は人気だった。藤田《ふじた》敏八《としや》や神代辰巳《くましろたつみ》、大島渚《おおしまなぎさ》など、日本のヌーヴェルバーグと言われた監督の作品もたくさん観た。

要するに映画ファンだ。高校に入ってからも必死に小遣いをやりくりして、少なくとも月に一回か二回は名画座に足を運んでいた。

そんなときに、映画は観るだけではなく、自分で作ることもできることを実体験した。高校時代に、もう一本8ミリ映画を撮った。確か受験間近の時期だった。まさしく佐渡島まで泳いで行って戻ってこない高校生のように、すっかり映画の魅力に取り憑かれていた。

役者を目指したものの……

大学受験は、第一志望校には落ちたが立教大学に入学した。上京して江戸川区で安アパート暮らしを始める。四畳半一間で共同トイレに共同炊事場。もちろん風呂は銭《せん》湯《とう》通いだ。今はそんな暮らしをする学生は少数派だと思うけれど、当時としてはごく標準だった。

学部は法学部。といっても、どこの大学でもよかったし、どんな学部でもかまわなかった。この時点で向学心はほとんどない。キャンパスは池袋駅西口から徒歩五分。

東口には文芸坐《ぶんげいざ》があった。東京では名画座の老舗だ。確か三本立てを五〇〇円くらいで観られた。とはいっても学生には大金だ。昼食を抜いて映画を観た。

文芸坐に通いながら、自主映画を制作するサークルに入部した。このサークルで知り合った万田《まんだ》邦敏《くにとし》や塩田《しおた》明彦《あきひこ》、黒沢清《くろさわきよし》などは、今はみなプロの映画監督だ。

今思えば、彼らは映画に対してとてもストイックだった。文藝・映画評論家としても著名な蓮實《はすみ》重彦《しげひこ》教授の授業を、ほぼ全員で熱心に受けていた。昼休みに部室でよくゴダール論などを戦わせていた。

僕はと言えば、蓮實教授の授業は一回も受けたことがない。そもそも大学の授業の記憶はほとんどない。大学に足を運ぶ理由は、主にマージャンのメンツ探しだ。映画を撮って、空いた時間にサークルの仲間たちと雀荘《じゃんそう》に行って、マージャンが終わったら酒飲んで、たまに女の子をナンパして……。ほぼそんな日々だった。

入学してしばらく経った頃、映画のサークルだけでなく、演劇研究会にも参加した。プロの俳優に依頼するような予算はないから、映画を撮るときにはサークルの仲間にキャストをお願いする。高校時代と同じだ。撮ったり撮られたりが当たり前で、最初の頃は自分が映画を撮るときに協力してほしいから仕方なく演技していたのだけど、そのうちに演じることもおもしろくなってきた。

入学して三年が過ぎて、周囲の友人たちが就活を始める大学四年の春、劇団青俳《せいはい》の養成所の試験を受けて合格した。

この頃に演劇を始めた理由は、今思えば芝居が好きだったからなのではなく、これを理由に「大学卒業→就職」というレールから外れようとしたのだと思う。既成のレールに乗ることに抵抗はあったけれど、完全に外れるのも怖い。だから大学をやめようとはしていない。とても中途半端だ。

結局は、五年かかって大学を卒業する。就活は最後までしなかった。大学卒業直前に青俳の研究生になった。このまま青俳に所属して、プロの俳優になるのかなと思っていた。

ただし、研究生では給料などもらえない。仕送りはとっくに打ち切られていたから収入はアルバイト頼みだ。バイト先は喫茶店とかスナックとかホテルの皿洗いが主だったけれど、他には塗装業とか築地《つきじ》市場とか日雇い労働とか引越し配送とか。とにかく短期バイトならなんでもやった。舞台が近付くと稽古で毎日がつぶれるので、長期のバイトは無理なのだ。

ところがこの時期、所属していた青俳は内部の使い込みなどが発覚して倒産する。このときはワイドショーでもけっこう話題になった。

劇団は消滅した。同期生たちの何人かは青年座や文学座など他の劇団養成所の試験を受けていた。また最初からやり直すのかと思うと気が進まない。でも芝居は続けたい。その後も同期の仲間たちと小学校などを回る学校演劇をやったり、先輩が所属していた大衆演劇に参加したりしていた。

新劇出身の大竹真《おおたけまこと》と古関安広《こせきやすひろ》、そして斎藤滋樹《さいとうしげき》という三人の先輩がシティボーイズというコント・ユニットを旗揚げするときには、弟子兼付き人みたいな形で舞台を手伝ったりした。三人の今の芸名は、大竹まこと、きたろう、斉木《さいき》しげる、だ。

年齢的には二十代前半。この頃の年収は七〇万円くらい。これは確定申告をした記憶があるから確かだ。年金も払っていないし、健康保険料も滞納していた。家賃を払えずアパートを追い出されて、知り合いのお寺に寝泊まりしていた時期もある。先のことを考えたら不安だ。だから先のことは考えない。とにかく、その日暮らしを続けていた。

そんな時期、映画監督志望の林海象《はやしかいぞう》と知り合いになり、彼のデビュー作の主演を依頼された。自主制作映画ではあるけれど、16ミリだからかなり本格的だ。ところがそのクランクイン直前、猫ひっかき病で入院することになってしまった。けっこう重篤《じゅうとく》な症状で入院も長引いたため、その映画『夢みるように眠りたい』の主演は、まだ無名だった佐野史郎《さのしろう》が演じることになった。

主演の交代を病室まで報告に来た林監督に、まあ仕方ないよ、と僕は答えている。淡々としていた理由は、この少し前に渡された脚本がサイレント映画という凝り過ぎた設定だったので、この映画はきっと失敗するだろうなと内心は思っていたからだ。ところが映画は大ヒット。佐野もこれをきっかけにブレイクする。つくづく思った。演技力がないことはうすうす感づいていたけれど、どうやら自分には運もないらしい。ならばどうしようもない。

こうして三〇歳直前に芝居をあきらめた。

ドキュメンタリーとの出会い

芝居をあきらめた理由は、もう一つある。結婚したのだ。子どもも生まれる予定だった。ならば安定した仕事をしなければ。人生で初めての就職だ。でも長続きしない。まるで転校生のように、小さな広告代理店とか印刷会社などいくつかの会社を転々として、ようやく不動産関連の会社に落ち着いた。

これからは組織の一員だ。映画や演劇は趣味と割り切って生きるのだ。……とは思いながらも何か物足りない。会社はマンション・ディベロッパーとしてどんどん大きくなっていた。昇給もした。有休もある。健康診断も無料で受けられる。会社の保養施設に旅行もできる。満ち足りている。しかし、身体の内側で何かが欠けたままだ。しかもその欠落は小さくならない。日々大きくなる。

そんなとき、新聞の求人欄を眺めていたら、テレビの番組制作会社が目についた。そのとき気づく。やっぱり自分は映像の仕事をしたいのだ。今さら映画制作に関わるのは年齢からいって無理だけれど、テレビだったらできるんじゃないかな。しかも給料だってもらえる。そう考えて面接を受けたのが、テレコム・ジャパン（現在のテレコムスタッフ）という会社だった。

テレビドラマを作るつもりで応募したのだけど、入社してからドキュメンタリーを専門にしている会社だと知った。困ったな。ドキュメンタリーを観たことはこれまでほとんどないし、そもそも興味もない。

入る会社を間違えたと思ったけれど、もうすぐ二人目の子どもが生まれる。今さら辞めるわけにもゆかない。それにテレビ番組制作会社は、「会社」と言っても不動産会社とはずいぶん違う。中途入社は当たり前。人の出入りが比較的自由なのだ。正社員ではなく契約社員も多い。だから組織として一枚岩ではない。ならば勤まるかもしれない。

さらに、ドキュメンタリーの制作現場を体験したら、けっこう刺激的でおもしろいと気がついた。ドラマとの共通点もたくさんある。もう少し続けてみよう……。

その積み重ねの経緯で、現在に至っている。高校時代は映画監督になりたかった。大学に入ってから演劇を志《こころざ》した。結局は、才能に見切りを付けてあきらめた。安定した会社の一員になろうとした。でも持続できなかった。

映画が無理ならテレビドラマを作りたいと思った。ところが勘違いでドキュメンタリーの世界に入ってしまった。どうしよう。しかし、やってみたらおもしろい。ならばもう少し続けてみよう。

……まとめるとこういうことになる。要するに消去法だ。職業に対して確固たる意志などない。すぐにあきらめる。代わりを探す。非常にダメな生き方だと思うけれど、結局はその繰り返しだ。

もう一つある。組織との距離だ。僕はこれを詰めることができない。組織に帰属できない。何度も会社員になったけれど、結局は長続きしない。気がついたら一人だ。心細い。受け入れてくれる組織を探す。やっぱり続かない。その繰り返しだった。

ドキュメンタリーはおもしろい⁉

ドキュメンタリーをおもしろいと思った最初のきっかけは、テレコム・ジャパン入社直後に参加を命じられた香港《ホンコン》とタイでのロケだった。

純正なドキュメンタリーとはちょっと違う。タレントでもある母と娘が二人で旅をする情報ドキュメンタリー番組だ。入社早々の僕に与えられたポジションはAD（アシスタント・ディレクター）。もちろんロケクルーの中では末端。弁当の買い出しや移動手段の確保にチケットの手配、ロケのあいだは常に重い機材を運ぶ。

最初のロケ地は香港。九龍城砦《クーロンじょうさい》が取り壊される少し前の時期だった。その近くで実景を撮影しているとき、そばにいたはずの母親が、いつの間にかいなくなっていた。

スタッフ総出で探したが見つからない。

すぐ近くにそびえる九龍城砦の中に入ってしまったとしか思えない。現地のコーディネーターは天を仰いで、「絶対に九龍城砦の中に入ってはいけないと言ったじゃないか」と嘆息《たんそく》した。もう彼女の安全は保証できない、とも。

アジアの魔窟《まくつ》などと呼称されていた九龍城砦は、非合法に建て増しされたビルが、迷路のように折り重なりながら絡み合ったエリアだ。構造が複雑であることに加えて、香港マフィアや大陸からの逃亡者などもアジトを構えていて、警察ですら危険過ぎて中に入れないと言われていた。「地球の歩き方」など当時の観光ガイドにも、絶対に近づいてはいけないと判で押したように記述されていた。

青ざめたディレクターから、「まずおまえが中に入って探せ」と指示が出る。ディレクターの命令は絶対だ。意を決して魔窟に入る。複雑に入り組んだエッシャーの騙し絵のような構造だった。壁や天井は崩れかけていて、排水管から水が噴き出している。

おそるおそる細い通路を歩きながら、僕は違う意味で驚いていた。ときおり出会う人たちが普通なのだ。主婦もいれば子どももいる。よくよく見れば周囲には歯医者や保育所の看板もある。

空いたスペースでは年配の人たちが集まってマージャンをやっている。エリアによっては犯罪者や危ない人も確かにいるのだろうけれど、ほとんどの人たちの見た目は普通の市民だ。少なくとも「いったん入ったら二度と出てこられない」というような場所ではない。

ようやく見つけた彼女は、中に居住している主婦に呼ばれてお茶を飲んでいた。「あなたも一杯飲んでいきなさい」と勧められてカップを手にしながら、ガラスが割れた小さな窓の外の区切られた青空を僕は見つめる。

静かだった。人っておもしろいと思った。もしもドキュメンタリーをやっていなかったら、自分は絶対こんなところに入らなかったと考えた。

つまりこのときは、ドキュメンタリー制作そのものがおもしろいというよりも、取材で出会う人や場所がおもしろいという感じだったと思う。どちらにせよ思うことは同じ。しばらく続けてみようかな。

入社してから二年ほどが過ぎてディレクターに昇格した。AD時代が短い理由は決して有能だったからではなく、むしろ無能だったからだ（無能なADは本当に使い道がない）。

この時期に上司であるプロデューサーから「ディレクターなのに、やりたい企画はないのか」と何度も言われ、小人症《こびとしょう》のプロレスラーたちを被写体にしたドキュメンタリーの企画書を提出した。でも会社のプロデューサーたちからは局に提案することを拒絶された。そんな企画が通るはずがない、と言われたように記憶している。

ちょうどこの頃、また例によって同じ組織に帰属し続けることへの鬱屈《うっくつ》がうずき始める。結局は、ようやくディレクターになったのに、僕はテレコム・ジャパンを辞めてフリーになった。

相変わらず転がり続けている。送別会などをやってもらった記憶はない。どちらかといえば、バカだなあいつは、的な雰囲気だったと思う。

もう妻も子どももいるのに、三〇歳も過ぎたのに、学校や会社にどうしても適応できない。落ち着きたいと思うのだけど、気づいたら組織から離れてしまっている。レールの上を走ることができない。

もちろん、意識的に既成のレールの上を走ることを拒絶する人はいる。例えばこの時期、演劇を続けている友人はたくさんいた。大学時代の友人で政治活動に身を投じた男もいる。中退してミュージシャンになった友人もいる。彼らは自らの意思で自分のレールを選択した。

僕は違う。既成のレールを走っているつもりが、気づいたら外れてしまっている。その繰り返しだった。

3 オウムを撮ることで気づいたこと

僕が虐殺に関心を抱いた理由（その2）

そして一人きりになった

フリーのディレクターになったけれど仕事は来ない。だって実績もコネもないのだ。営業をしなくてはならない。知り合いの知り合いが経営していた小さな番組リサーチ会社に机を置かせてもらい、名刺もその会社で作ってもらった。肩書きはプロデューサー。これで、テレビ局に自分で企画を持ち込むことができるようになった。

小人プロレスのドキュメンタリー企画はフジテレビで実現した。それなりに評判にはなったけれど、テレビという媒体は一過性だ。放送が終われば次の企画に取り組まなくてはならない。ニュースの特集枠にゴールデンタイムのクイズ番組、朝の子ども向け番組に紀行番組など、この頃は仕事なら節操なく何のジャンルでもやった。例によって番組リサーチ会社は数年で辞めた。しばらくはフリー。バブル経済は完全に終わって、テレビ業界も緊縮財政の時代になっていた。フリーではなかなか生活できない。生活を安定させないと。

一九九五年に地下鉄サリン事件が起きる。メディアはオウム真理教（以下、オウム）の報道一色になった。新聞は各紙とも毎日一面。週刊誌も毎号巻頭特集。そしてテレビは早朝から夜中までオウム特番ばかり。そんな状態が一年近く続く。若い世代のために補足するが、オウム真理教とは麻原彰晃《あさはらしょうこう》が一九八四年に創設した新興宗教であり、彼らが東京の地下鉄で起こした大量無差別殺人事件が地下鉄サリン事件だ。

ただしこの時期の僕は、オウムにほとんど興味がない。オウム報道の最前線はニュース番組のスタッフが仕切っていたし、テレビに映し出されるモザイクだらけの修行の様子や彼らが出馬した選挙戦の映像はとてもグロテスクな感じがして、どちらかといえば視界に入れたくない存在の一つだった（たぶんこう感じていた人は多いと思う）。

とはいえ、オウムを避けていたら仕事にならない。現役信者たちの日常をドキュメンタリーで撮ろうと思いつき、僕はオウムの広報に信者たちの生活を撮らせてくれと依頼した。

感触は悪くなかった。でもネックはモザイクだった。教団側の窓口だった荒木浩広《あらきひろし》報副部長（当時）は、自分はもう顔が知られているからかまわないが、他の一般信者たちの顔にはモザイクを付けてほしいと要求し、僕はこれを断った。モザイクは嫌いなのだ。ならば信者たちを説得する時間が必要になると荒木は言った。

ちょうどこの時期、僕は業界最大手の共同テレビジョンに入社していた。来年には三人目の子どもが生まれる予定だ。そろそろ落ち着かなくては。そんな思いがあったはずだ。

入社してしばらくが過ぎた頃、荒木から他の信者たちの了解をとったと連絡があった。共同テレビジョンの上司に企画の説明をしたら、施設の中で撮影ができるのかと驚かれた。

「いったいどんな手を使ったんだ？」

「撮らせてくれと依頼しただけです」

こんな会話をした記憶がある。とにかく上司はすぐにフジテレビに企画をプレゼンして、ドキュメンタリー枠で放送することが決定した。

こうして一九九六年の三月に撮り始めたが、二回のロケが終わった段階で、オウムを絶対的な悪として描こうとしてないとの理由で撮影方針の変更を要請され、曖昧な返答をしていたらフジテレビから撮影中止を言い渡され、最終的には共同テレビジョンを解雇されることになった。

三人目の子どもが生まれる直前だった。自分ではテレビ・ディレクターとして当たり前のことをしていたつもりだったのだけど、周囲や上司からは、とても危険でありえないドキュメンタリー企画だと思われたようだ。

解雇後もあきらめきれずに撮影は続けた。もちろんENG（カメラマンとビデオエンジニアとディレクターによるロケクルー編成）は組めないから、8ミリビデオや発売されたばかりのデジタルカメラをレンタルして、一人でオウムの施設に通っていた。

それまでに撮った映像を粗く編集して、フジテレビ以外の局にも放送できないかと企画を持ち込んだけれど、どこの局からもこんな映像は放送できないと拒絶された。一人で撮り続けながら、これは要するに自主制作なのだと気がついた。結局は大学生の頃と同じことをしている。我ながらあきれるほど進歩がない。

組織の指示に従わずに危険な撮影をしているディレクターとの評判は、この時点でかなり出回っていた。オウム施設に出入りしているから、メディアや公安関係者からも目を付けられていた。

もうテレビの仕事はできなくなるかもしれない。そうなったらどうしよう。そんなことを思いながら撮り続けた作品は、安岡卓治《やすおかたかはる》というプロデューサーと出会ったことによって、最終的には自主制作映画になった。僕にとっての初めての映画作品である『A』（一九九八年）だ。

宗教が救えるものの限界

居場所を失いながら撮影を続けた理由は、強い使命感があったということでは断じてなく、好奇心が勝ってしまったと説明するほうが真実に近い。

それまではどちらかと言えば、社会や政治に強い興味を持っていなかった。もちろん戦争や虐殺も関心外だ。でもオウムの撮影を続けながら、少しずつ自分が変わりつつあることに気がついた。

メディアの報道やネットの情報だけに接していれば、オウムは邪悪で狂暴で冷血な人たちの集団としか思えない。でも初めて施設内に入ったときに出会った信者たち一人ひとりはとても純朴で善良だった。邪悪で狂暴な信者などどこにもいない。

九龍城砦の中に入ったときのことを思い出していた。

だからこそ、カメラを手にしながら考え込む。純粋で善良で優しい彼らは、同時に大量殺人を企《くわだ》てた集団の一員でもある。その事実と目の前にいる彼らがつながらない。だから悩む。撮りながら煩悶《はんもん》する。

もちろん、僕が撮影を始めた時期は地下鉄サリン事件以降だから、一連の犯罪に加担した信者たちは、教祖の麻原彰晃も含めてほぼすべて逮捕されている。だから施設に残された信者たちは善良で当たり前なのだ。そう考えることもできた。しかし、直感的にそれは違うと考えた。

今、目の前にいる善良で穏やかな信者たちも、もしかしたら大量殺戮に加担していたかもしれない。彼らと実行犯の違いは一つだけ。指示をされたかされないかだ。それだけで人は変わる。

そんなことがありえるのだろうか。カメラを手にしながら、僕はそんなことばかり考えていた。実際に何人かの信者に、「もしもサリンを撒けと指示されていたらあなたは撒きましたか」と質問した。「それは無理ですよ」「断ると思います」そう答えながらも、彼らは何となく歯切れが悪い。少し困ったようなその顔を見ながら、きっと撒くだろうなと僕は思う。だから質問しながら自分も困惑する。

埼玉のオウム施設に行ったとき、その施設の責任者である寡黙な男性信者は、出家前は障害者施設で働いていたと言葉少なに語ってくれた。しかし、彼がどんなに懸命に働いても、重度の障害を持って生まれた人たちの苦悩や苦痛はゼロにはならない。彼にできることは、日常生活の支援や手伝いくらいだ。

どうやったら彼らを本当の意味で救うことができるのか。彼はそれを必死に考え続け、最後にはオウムの門を叩いたという。

「なぜそこでオウムなのですか」

僕は首をひねる。すると、彼は小さな声で言った。

「信仰の力で救うことができるのではないかと思ったのです」

「オウムはそう思わせる宗教だったのですか」

そう訊く僕に、「そう思いました」と答えてから彼はうつむき、こう続けた。

「でもこんなことになってしまった。私にはもう何が何だかわかりません」

なぜオウムは人を殺したのか

優しくて真面目な人たち。もちろん個人差はあるけれど、人を苦しめようとか殺してやろうと考えて出家した人など一人もいない。だから考える。悩む。何が何だかわかりませんとつぶやく彼の煩悶は、この時期の僕も共有していた。確かにそうだ。何が何だかわからない。

人はなぜ信仰を持つのか。宗教にすがるのか。その理由を僕は、人は自分が死ぬことを知ってしまった生きものだから、といまは考えている。イルカやチンパンジーは他者が死ぬことはわかっていても、自分が死ぬことは知らない。なぜなら体験したことがないからだ。

大脳の発達とともに演繹的な発想を獲得したからこそ、人は生きもので唯一、自分が死ぬことを知ってしまった。自分はやがてこの世界から消える。存在しなくなる。愛し愛される人たちと永遠に会えなくなる。

これは怖い。つらい。秦《しん》の始皇帝《しこうてい》だけではなく、不老不死は多くの人の夢だ。でもそれは夢のままで現実にならない。絶対に叶わない。何とかならないのかと言いたくなる。死期が近づけば自暴自棄になる人もいるはずだ。

だからこそ宗教はすべて、天国や浄土や生まれ変わりや復活などで、死後の世界を保証する。魂《たましい》の存在を担保する。死後の世界を否定する宗教など存在しない。だってそれでは宗教の意味がない。ちなみに仏教の始祖であるブッダは、死後の世界や魂について言及はしていない。弟子に質問されたとき、沈黙していたとのエピソードがある。でもそれでは布教できない。だからブッダの死後、弟子や後継者たちが浄土や六道輪廻など死後の世界についての概念を加えていった。

死後の世界や魂の実在を保証するということは、今のこの生よりも死後に価値を見出すときがあることを示している。つまり生と死を反転させる。これは危険だ。だからこそ既成宗教の多くは、自殺を強く禁じている。この生が苦しければリセットすればいい、との発想を止めることができなくなるからだ。

なぜイスラム過激派は自爆テロを行えるのか。死後に天国に行くことが約束されているからだ。自分の命よりも死に価値を見出すならば、他者に対しても同じ発想は可能だ。その人のために殺して転生させてあげようとの発想が成り立ってしまう。

これがオウムが言うところのポアだ。そもそもはチベット密教の用語で、死後に意識を移し替えることを意味する。悪ふざけでもなければ残虐さや冷血さの現れでもない。彼らは真剣だ。そして善意や正義による殺人は、決してオウムだけの発想ではない。生と死を転換する装置である信仰全般が持つリスクだ。

ただし補足せねばならないが、死への恐怖の軽減だけが信仰のレゾンデートル（存在価値）ではない。聖なる存在への希求、自らの不完全さの自覚、こうした要素も重要だ。自らの俗性と不完全さを意識するからこそ、人は他者に対して寛容になれる。赦《ゆる》すことができる。

ときには優しくときには冷酷。時には寛容で時には残虐。信仰はこの二つに常に引き裂かれている。そのリスクは大きい。だからこそ信仰を大義や潤滑油にした戦争や虐殺はいくらでもあった。過去だけではなく今もある。とても厄介な存在だ。ジョン・レノンは神について、一九七〇年に発表した「GOD」で「僕たちの苦痛の度合いを測る概念でしかない」と歌ったけれど、自らが死ぬことを知ってしまった人類は信仰を手放せない。信仰によってより豊かで意義のある生を送ることができることも確かだ。

ならばどうすべきか。まずは知ること。信仰とは何か。戦争や虐殺とどのように結びついたのか。リスクはどの程度あるのか。そのうえで接し方を考える。つまり宗教リテラシーだ。

サリン事件が起きた直後、オウムについて「あんなものは宗教ではない」と罵倒する人は多かった。宗教に名を借りた殺人集団。俗物詐欺師に洗脳された危険な集団。寄せ集めの教義を掲げるインチキ集団。おそらくはこうしたイメージが、オウムに対してこの社会が抱いた最大公約数的な見方だろう。

麻原を筆頭に幹部信者たちが裁かれたオウム法廷においても、事件の背景に宗教的な要素をはめることを裁判所は拒絶した。洗脳やマインドコントロールなど流行りの言葉ばかりが消費された。つまり理解不能な集団が起こした事件として解釈することに終始した。

ならば僕は断言する。オウムは宗教だ。しかも極めてストイックでラジカル。だからこそ優しいままで人を殺すことができる。これが事件の一つの要因（すべてではない）になったことは間違いない。

オウムの側から社会を眺める

撮影時には別の発見もあった。オウムの施設の側から振り返って外を眺めてみると、そこには僕が知らなかった社会やメディアの断面があった。

地下鉄サリン事件以降のオウムは、まさしく日本中から忌《い》み嫌われ、憎悪される存在だった。特に『A』の続編である『A2』（二〇〇一年）撮影の時期は、この憎悪や嫌悪が、社会のシステムや制度になっていた。例えば信者たちの住民票を行政は受理しない。だから信者たちは運転免許証や保険証の更新ができない。オウム施設内には年老いた信者もたくさんいた。病院に通院できなくなることは、持病を抱える彼らにとって死活問題だ。

同時にこの時期、多くの学校がオウムの信者の子どもたちの入学を拒絶した。つまり教育を受ける権利を否定した。新聞販売店はオウム施設への配達を拒絶して、ガスの供給を止められた施設もあった。施設周囲では連日のように市民デモが行われ、「悪魔のおまえたちに人権はない」「ここから出て行け」などのシュプレヒコールが連呼された。撮影する僕のすぐ横には、歯が痛いけれど健康保険証がないので歯医者に行けない年輩の女性信者が、うずくまりながら必死に痛みに耐えている。

明らかに人権侵害だ。しかも、住民票不受理や就学拒否は明確な憲法違反。でも政府や行政はもちろん、民間の人権擁護団体も沈黙した。NPOやNGOも声を上げない。もしも抗議の声を上げれば、「オウムを擁護《ようご》するのか」と社会から袋叩きに遭うからだ。

オウムは悪だ。だからこれに対峙する自分たちは正義だ。こうして善意が暴走する。正義が屹立《きつりつ》する。そしてオウムの側に視点を置けば、こうして弾圧されることで、宗教的使命感はさらに高揚して強固になっていた。

例えば初期のキリスト教が典型だが、宗教の歴史を知れば、そんな事例はいくらでもある。弾圧や迫害は宗教にとって滋養なのだ。二つの集団のあいだで僕は立ち尽くす。どちらも間違えている。ならばカメラはどちらに向けるべきなのか。

住民に暴行される信者もいれば、警察に不当に逮捕される信者もいた。不安や恐怖が引き起こす憎悪や忌避感情の暴力性。撮影のためにオウムの側に視点を置いたことで、それを僕はたっぷりと実感した。そして何よりも、メディアの逸脱した取材アプローチには（自分がメディアに身を置いていたからこそ）衝撃を受けた。

盗み撮りや騙し撮りは日常茶飯事だ。幹部信者のインタビューを施設内で撮って帰るとき、祭壇の仏具を持ち帰ったのは日本テレビの取材クルーだった。このときは本当にあきれた。オウム相手なら何をしてもいい。そんな雰囲気が社会とメディアに充満していた。

もちろん僕もメディアの一員だ。同じように取材していたこともあったはずだ。でも組織から弾き出されて一人になってしまったことで、自分たちが当たり前のように行ってきた取材や撮影手法の無軌道さと暴力性に、改めて気がついた。

この時期の（もしかしたら今も）メディアが、オウムを形容するときのレトリックは二つしかない。一つは冷血で凶悪な殺人集団。そしてもう一つは、麻原に洗脳されて自分の意思や判断力を失った危険な集団。このどちらかだ。あるいはミックス。それ以外は許されない。

撮り始めたばかりの僕の作品が、多くのテレビ局から排除された理由はここにある。

僕の撮った映像を数分でも観れば、オウム信者の多くが普通の人たちであることはわかるはずだ。だからこそ、そんな映像をオンエアできるはずがないと彼らは判断した。その判断は、営利企業としては間違いではない。もしも僕の映像をテレビでオンエアしたら、視聴者からはすさまじい抗議が来たはずだ。スポンサーからも苦情が来るだろう。おまけに視聴率は最低。つまり、テレビ局としてはデメリットしかない。

多くの人は自分たちにとって都合の良い情報を求める。信じたい情報を受け入れ、信じたくない情報はデマやフェイクだなどと一蹴する。この傾向はあらゆる情報が混在するネットの出現によってさらに加速した。

ちなみにネット社会の誕生は、Windows95が発売された一九九五年だ。この年は一月一七日に阪神・淡路大震災が起き、その二カ月後に地下鉄サリン事件が発生した。かつてないほどの規模の天災と人災で激しく揺さぶられた日本社会の不安と恐怖は、誕生したばかりのネットの回路を伝わりながら増殖する。まさしくこの国のターニングポイントになった年だ。

オウムの施設に入ってドキュメンタリーを撮り続けたことで、さらにテレビ業界という組織から弾き出されて一人になってオウムと社会のはざまに立ったことで、僕の視点は転回した。絶対的な正義など存在しない。そして正義は時として人を激しく加害する。

僕だけではない。オウム取材の最前線にいた記者やディレクターたちは、もちろん個人差はあるが、同じような思いを少なからず共有していたと思う。実際に「邪気のない人たちだなあ」とか「普通過ぎて拍子抜けしました」などの声は現場で何度も聞いた。

でも彼ら一人ひとりのそんな思いが報道されることは決してない。なぜなら、彼らは組織人だ。一人ひとりが現場で抱いた個の感覚は、商品として情報化される過程で濾過《ろか》されて、「邪悪で狂暴で危険な集団」「洗脳やマインドコントロール」などの言葉とレトリックに変換される。

なぜこれほど善良で優しくて純粋な人たちが、あれほど凶悪で冷血な事件を起こしたのか。その理由とメカニズムを社会は考えねばならなかった。でも結果としてメディアと社会は、この思考や煩悶を拒絶した。

彼らは悪。そして我々は正義。互いにそう主張する。確かにそう規定したほうが楽だ。余計な煩悶をせずに済む。黒か白。悪か善。とても単純だ。

しかし、世界がもっと複雑であることを、僕たちは感覚的に知っている。木の幹は茶一色ではない。葉も緑一色ではない。夕暮れの海面にはあらゆる色がプリズムのように反射している。世界は多面的で多重的だ。グレーゾーンやグラデーションで成り立っている。

ところが企業メディアは情報をわかりやすく四捨五入する。個の感覚を切り捨てる。そして断言する。これは黒。あれは白。これは悪。あれは正義。個は組織の指示に従う。無自覚に。ならばそれはもう個ではない。組織の一部だ。

メディアや市民社会は組織共同体だ。オウムも宗教組織だ。この二つのはざまでカメラを手にしながら、「組織とは何だろう」と僕はずっと考え続けていた。個人一人ひとりは善良で優しいのに、組織人としては冷酷な振る舞いをする。個の感情を組織の論理が押しつぶす。他者の営みや感情への想像力が停止し、組織の歯車としての振舞いは、外見的にはこれ以上ないほどに狂暴で冷血になる。人にはそんな瞬間があるのではないか。

絶対的な悪と規定されたオウムを撮り続けながら、組織から排除されて自分自身が個になってしまったからこそ、僕はこの視点に気づくことができた。

ただし一人は心細い。収入も途絶えた。自分はテレビ業界に復帰できるのか。撮影が終わってからどのように生きればよいのか。答えはない。ネガティブな思いばかりが大きくなる。それでも撮影をやめられなかった。自分の中で何かが変わりつつあると感じていた。

こうして人は歯車になる

クメール・ルージュの兵士や看守たちは、なぜ同胞たちを大量に殺すことができたのか。しかも一瞬ではない。虐殺を長期間続けた。宗教的要素はない。民族やイデオロギーの対立もない。しかし彼らはその行為を持続した。その理由は何か。駆動力は何か。そのメカニズムと燃料は何か。

二〇〇三年の山形国際ドキュメンタリー映画祭のインターナショナル・コンペティション部門で、S21の生存者とかつての看守たち（その多くは当時十代だった）を呼び集めて二十数年前の状況を再現させるという手法のドキュメンタリーが上映されたとき、僕は観客席にいた。タイトルは『S21 クメール・ルージュの虐殺者たち』（リティ・パニュ監督、二〇〇二年）。

映画のオープニングは、「なぜおまえがこんなことを引き受けねばならないのか」と両親から問い詰められる息子の苦悩に満ちた表情から始まる。十代前半にクメール・ルージュの兵士となってＳ21の看守に従事させられていた彼は、この映画の被写体になることを承諾したことで、両親から非難されているのだ。

あの時代にはみんながやっていた。命令に逆らうと自分が殺された。おまえだけが恥をさらす必要はない。そんなことを両親から言われながらも、映画の被写体になるという彼の決意は変わらなかった。

Ｓ21に集まった元看守たちは、数少ないサバイバーである八人のうちの一人と対面し、彼の質問に答えながら当時の様子を再現する。どのように夜の見回りをしたのか。どのように点呼をとったのか。どんな手段で人々を拷問し、殺害し、そして死体をどのように埋葬したのか。

最初は当惑していた元看守たちの動きが、ロールプレイングを重ねるごとに、少しずつスムーズになる。何年も封じ込めていた記憶の輪郭が形を帯びてくる。かつて自分たちが日常的に行っていた拷問や殺害の手順や状況が、カメラの前で生々しく再現される。

やがて彼らの顔から表情が消える。よみがえった苛烈な記憶に対抗しきれないまま、感情や理性の回路が閉じられたのだろう。血塗られたＳ21で過去は現在と地続きになり、平凡な市民に戻って生きていた息子や夫や父たちは、かつての殺戮者の顔を取り戻し始める。

こうして人は人を殺す。残虐になる。いや回路がないのだから、残虐という言葉は当てはまらないのかもしれない。むしろこのフレーズのほうが適切だ。

こうして、人は歯車になる。

人はなぜ多くの人を殺すのか。いやそもそも、人はなぜ人を殺すのか。人はなぜ他の生きものの命を奪うのか。そしてそれは、どこまで許されるのか。

生命の価値。どこから考えようかと途方に暮れる。それほどに根源的な命題だ。でもこれを曖昧にしたままでは、この先に進めない。だから考える。人はなぜ、他の命を奪うのか。人が生きものの命を奪うことの意味は何か。命の価値を僕たちはどのように捉えるべきか。

4 生きものの命は殺してもいいのか

クジラと日本

二〇一四年三月三一日、国際司法裁判所（ＩＣＪ）は日本に対し、南極海における調査捕鯨《ほげい》の即時停止を命じる判決を下した。これを伝えるテレビ・ニュースは、ほぼセットのように「クジラが食べられなくなる」「日本の食文化を理解していない」などの街の声を伝えた。

観ながら不思議だった。停止を命じる判断をした理由を国際司法裁判所は、「日本の調査捕鯨は、科学的な研究に適合しないから中止すべきである」と述べている。日本の捕鯨そのものを否定しているわけではなく、日本の調査捕鯨の非合理性（調査以外に何か目的があるのではないか）を問題視しているのだ。

これに対して、「クジラが食べられなくなる」「日本の食文化を理解していない」と訴えるなら、それは判決に含意されている「調査以外に何か目的があるのではないか」を正当化することに他ならない。

多くの日本人のこの反射的な錯誤は、今の日本の捕鯨をめぐる意識と感情を、とても端的に表している。

一九八二年に国際捕鯨委員会（ＩＷＣ）が商業捕鯨の一時停止（モラトリアム）を決議したときであれば、「クジラが食べられなくなる」「日本の食文化を理解していない」などの訴えにも意味があったはずだ。しかしこのとき日本は、いったんは商業捕鯨の一時停止に対して異議申し立てをしたがすぐに撤回して決議に同意し、商業捕鯨をしないことを世界に約束した。

このとき日本と同じ捕鯨国であるノルウェーとアイスランドなどは、決議に異議を申し立てて撤回はせず、その後も商業捕鯨を継続している。ただしアイスランドは二〇二二年に、需要の減少を理由に二〇二四年以降は商業捕鯨から全面的に撤退する意向を明らかにした。

つまり最初から最後までしっかりと筋を通している。ならば日本も筋を通さねばならない。南極海の捕鯨はあくまでも調査を目的とすると世界に約束したのだから、このＩＣＪの判決に反論するならば、「我が国の調査捕鯨には科学的な合理性と正当性がある」と主張するのが筋なのだ。ちなみに食べることは問題ない。調査捕鯨の副産物である鯨肉は、有効に利用することが認められているのだから。

ところがそうした理性的な反論は聞こえない。その一つの理由は街の声が示すように、調査捕鯨についての一般の認識は、調査ではなく鯨肉という副産物が目的になっているからだ。そしてもう一つ。実際に調査捕鯨における調査は、名ばかりであるからだ。

調査捕鯨の主体である日本鯨類研究所は、調査の目的を「鯨類を将来的に食料として持続的に捕れるように管理するために科学的なデータを集めること」と謳《うた》っている。一般財団法人である同研究所には、年間五億～八億円の補助金が国庫から流れており、水産庁の天下り機関とも言われている。ここで揚げ足をとるつもりはない。天下り機関であっても必要な業務を正当に行使しているのなら何の問題もない。

調査目的で捕獲・殺傷しているミンククジラは毎年数百（一〇三～八五三）頭だ。内外の研究者や科学者からは、「調査のためにこれだけの数は必要ない」「殺さなくても調査はできる」などと指摘されている。

そもそも、鯨肉はそれほどに必要なのか。需要があるのか。

ここであなたに質問したい。

今年に入ってからクジラの肉を何回くらい食べましたか。

決めつけて申し訳ないけれど、おそらくほとんどの人は、一回もないと答えるはずだ。

沿岸捕鯨は確かに昔からやっていたが、南極海の捕鯨が始まったのは一九三〇年代半ばだ。それも戦争を理由にすぐに撤退している。

第二次世界大戦が終わってダグラス・マッカーサー元帥が最高権力者として日本を統治していた占領期、日本国民の深刻な栄養不足への対策としてGHQは南氷洋捕鯨再開を提唱し、米海軍のタンカーを改造した二隻の捕鯨船を日本に提供した。

その後に日本の大手水産会社も南氷洋捕鯨に取り組み始め、多くのクジラが捕獲され、鯨肉が消費された。そのピークは一九六二年。クジラの竜田揚げは、給食の定番メニューだった。しかし、高度経済成長を迎えて身の回りの物資や食材が豊富になる過程と並行して鯨肉の消費は落ち込み、需要は急激に下がり始めた。それはそうだ。美味しい不味いは主観だけど、日常的な食材として牛肉や豚肉より鯨肉のほうが美味しいという人はきわめて少数派だ。

消費者がいなくなれば産業は衰退する。それは世の理だ。もしも一時停止が解除されて南極海の商業捕鯨が認められるようになったとしても、もう採算として見合わないのだ。実際に水産大手各社は、行き帰りの燃料費を使う南極海の商業捕鯨からは撤退することを明らかにしている。

ならばなぜ、今までは調査捕鯨を持続できていたのか。国が多額の補助金を交付しているからだ。

さらに、調査捕鯨で捕った鯨肉も、実のところほとんど消費されていない。日本鯨類研究所が管理する冷凍庫には、二〇一八年の時点で六〇〇〇トン以上の鯨肉が保管されていた。毎年増えるばかりだ。国際司法裁判所の判決に対して「クジラが食べられなくなる」「日本の食文化を理解していない」と不満を口にしていた人たちの多くも、日常的に鯨肉を食べてはいないだろう。

今後日本人がまた鯨肉を大量に消費する時代がくるとは思えない。つまり将来においても実現することのない事業の調査に、国は多額の補助金を毎年交付していた。そして鯨肉は余り続けている。こうした状況に違和感を持つ人は、むしろ調査捕鯨の当事者かもしれない。

二〇〇八年、捕った鯨肉を大量に海上投棄しているだけでなく持ち帰った鯨肉を乗組員たちが私的に横流ししていることを、現役の調査捕鯨船の乗組員が、環境保護団体グリーンピース・ジャパン（ＧＰＪ）に内部告発した。税金で行われる調査捕鯨は公共事業であり、肉を投棄したり私的に所有したりすることは違法行為になる。

内部告発の情報をもとにＧＰＪの職員二人は青森県内の宅配便集配所に潜入し、下船したばかりの乗組員が持ち込んだ段ボール一箱を持ち出した。宛名は乗組員の自宅住所だ。GPJは記者会見を実施して、箱の中に詰められていた鯨肉を公開した。

結果的にはGPJの告発は認められず、鯨肉を横流ししていた乗組員は不起訴処分となった。それだけではなく東京地検は、告発したGPJの職員二人を窃盗の容疑で刑事告発し、二人の有罪は確定した。犯した行為は確かに窃盗だが、すぐに記者会見でこの事実を開示していることが示すように、二人には鯨肉を所有する意図など最初からない。GPJの弁護士はそう主張したが受け入れられなかった。

不正を訴えるために不正行為を敢えて行ったGPJの職員二人の行為が、グレーゾーンにあることは確かだ。でも乗組員が鯨肉を私的に所有していることも適法ではない。この判決がフェアな判断であるとは僕には思えない。

GPJの職員が被告となった裁判で、内部告発した乗組員とは別の元乗組員が証人として出廷し、以下のように証言している。

「商業捕鯨の再開を願うからこそ、調査捕鯨のモラル低下を何とかしたい」「船員が鯨肉の持ち出しをしているのを目撃している」「(乗組員だけではなく)日本鯨類研究所の職員が持ち帰って(土産用にして)いた」

やはり看過できない。どう考えても組織ぐるみの違法行為だ。にもかかわらずGPJ職員は有罪となり、捕鯨船や日本鯨類研究所が日常的に行っていた違法行為はお咎《とが》めなしとなった。

本来であれば、メディアがこの不合理を強く世間に訴えるべきだ。でもなぜかメディアも、この裁判の報道について及び腰だ。

なぜこれほどに捩《ねじ》れているのか。なぜメディアは沈黙するのか。答えは一つだけ。捕鯨がナショナリズムのアイコンになってしまっているからだ。

生きものと知性

「ウシやブタは食べるくせに、なぜクジラはいけないのか」

これは捕鯨に賛成する日本人が、反対する欧米の捕鯨反対派に対してよく使う論理だ。これに対して反対派が「クジラは知性が高い生きものだから」と反論するならば、今度は「知性で命の価値を決めるのか」と畳みかけることができる。たぶんここで勝負あり。理性と良識がある人ならば、知性の優劣で命の価値を決めるべきではないと思うはずだ。

ならば言わなくては。実のところこの社会は、知性の優劣で生きものの命の価値を決めている。それをルールにしている。動物愛護法（以下、愛護法）だ。

あなたがもしイヌやネコを殺したり虐待したりしたときは、愛護法に違反したとして刑事罰の対象になる。同法の保護対象となるのは、人が飼育（占有）している生きもの、すなわち家畜やペットだ。さらに、「牛、馬、豚、めん羊、やぎ、犬、猫、いえうさぎ、鶏、いえばと、あひる」の一一種については、「人間社会に高度に順応した動物」ということで、人の占有下にあるか否かにかかわらず、同法の対象となる。もしもあなたが神社の境内で地面をついばんでいたハトや公園の池に集まっていたアヒルに危害を加えれば、刑事罰を受けることになるのだ。

これとは逆に、人が占有していても、同法が適用されない生きものもいる。両生《りょうせい》類以下の脊椎《せきつい》動物や無脊椎動物だ。あなたが友だちの家の水槽から金魚や熱帯魚をつまみ上げて塩焼きにして美味しくいただいたなら、あなたには愛護法違反ではなく器物損壊罪が適用される。

ただし友だちが飼っていたペットが魚や両生類ではなく爬虫《はちゅう》類だったなら、あなたに対して愛護法違反が適用される。つまりヘビやトカゲは、カエルやサンショウウオやグッピーよりも保護すべき優位に置かれている。この線引きの根拠は何か。

ざっくりいえば優先順位は、下位から「魚→両生類→爬虫類→鳥類→哺乳類」となっている。要するに進化の道筋だ。

つまり、愛護法の対象になっているのは、より進化して高度な知性を保持していると認められた生きものだ。厳密に言えば進化と知性は必ずしも一致しないし、このロジックが正しいか間違っているかについて今は言及しない。

事実として日本の法律では、高等でない（知性が低い）生きものよりも高等な（知性の高い）生きものの命が優遇されているのだ。

ただし、線を引くことそのものを僕は否定しない。愛護法で守る生きものの範囲を広げ過ぎてしまうと、蚊やハエやゴキブリも駆除できなくなる。それでは生活が成り立たない。白黒ではなくグレーでグラデーションがあることは自覚しながら、どこかに線は引かねばならない。

そもそも「高等か下等か」とか「知性が高いか低いか」という基準は、僕たち人間が自分たちの都合に合わせて勝手に作ったラインだ。つまりご都合主義。これを自覚することは、この後の考察でとても重要な要素になる。

線引きの難しさ

　生きることは他の生きものの命を犠牲にすること。他の生きものを害さずに生きることは不可能だ。だからといって野放図に害してよいはずはない。ある程度の線引きはここでも必要になる。

　このときに引かれる線は、人間の感覚や都合など、とてもエゴイスティックな基準によって成り立っている。そこに論理は介在しない。正確には介在できない。だって論理は最初から破綻している。線を引く基準は、思い入れが多いか少ないかだ。

　カエルやイモリに対して思い入れを持つ人は、イヌやネコに対して思い入れを持つ人に比べれば圧倒的に少数派だ。だからこそイヌやネコを無差別に殺傷する人は罰されるけれど、野生のカエルやイモリを殺傷したとしても（基本的には）罰されない。

　同様に現在の欧米の人たちは、かつて自分たちが絶滅寸前にまで追い込んだことへの後ろめたさなども相まって、クジラに対して思い入れが強い。だからクジラを殺したり食べたりすることに抵抗を示す。

これに対して、「おまえたちもウシやブタを食べているくせに」という論法は成り立たない。論理的にはその通りだけど、そもそも論理ではなく感情なのだ。人は他の生きものから勝手な理屈で命を奪い続けている。ペットにしているカナリヤを食べるなどとは発想もしない。でもケンタッキーフライドチキンなら大好物。それを欺瞞だなどと批判しても仕方がない。僕たちはそういう生きものなのだ。

国際司法裁判所から調査捕鯨の中止を命じる判決を下された日本は、二〇一九年にIWCを脱退した。つまり調査捕鯨を完全にあきらめて、三一年ぶりに日本近海で商業捕鯨を再開した。

何度も書くが鯨肉の消費はすっかり落ち込んでいる。でも百歩譲って多少は捕りたいというのなら、アイスランドやノルウエーのように、日本も近海の商業捕鯨を継続すればよかったのだ。でもその決断ができなかった。IWC加盟国から調査捕鯨の不透明さをずっと指摘されていたのに、日本はなぜか南極海の調査捕鯨にこだわり続けた。

IWCは二〇一〇年に、「南極海での調査捕鯨を大幅に縮小するかわりに、日本沿岸での（大型クジラを含む）商業捕鯨を認める」と日本に提案した。だが（オーストラリアなどの反捕鯨国が反対したこともあるが）日本が南極海での調査捕鯨に必要以上にこだわったことにより、この提案は決裂してしまった。今になって脱退して商業捕鯨を再開するのなら、このときにこの提案を受ければよかったのだ。

一九六〇年代には年間二〇万トン以上を消費する年もあった鯨肉だが、八七年以降は毎年数トン規模で下落し、現在は一万トン以下だ。もはや日本人は鯨肉を消費しない。

なのにどうして、南極海での調査捕鯨に、日本政府と国民はあれほどにこだわり続けたのか。この答えもさっきと同じ。

捕鯨がナショナリズムのアイコンになってしまったからだ。

調査捕鯨を続ける本当の理由

ナショナリズムのアイコンの他の例を挙げれば、政治家による靖国《やすくに》神社への参拝や竹島《たけしま》・尖閣《せんかく》諸島、そして北方領土などがわかりやすい。これらにおいて捕鯨は比較的新参だ。近年は欧米の多くが捕鯨問題で日本を批判することに加え、野蛮な外圧を体現する環境保護団体のシーシェパードが出現したことで、不条理な攻撃をしかけてくる外敵との闘いという意味が付加された。

だからこそメディアも、南極海での調査捕鯨から日本は撤退すべきとの正論を主張できなかった。役所や政治家も後には引けない。もしも撤退すべきなどと声を上げたら圧力に屈するのかと批判されるし、昇進や次の選挙にも影響する。

近年において捕鯨がナショナリズムのアイコンになってしまった要因のひとつは、和歌山県太地町《たいじちょう》のイルカ漁とこれを告発するアメリカ映画『ザ・コーヴ』(ルイ・シホヨス監督、二〇〇九年)公開時の騒動だ。アメリカでアカデミー賞を受賞して話題になっていたこの映画が日本で公開される直前、街宣車に乗ったり日章旗を掲げたりしながら多くの人が徒党を組んで、「反日映画の上映を阻止せよ」と街宣活動を行った。騒動はさらに拡大し、多くの映画館が上映を中止して、報道も過熱した。

ちなみに、言論の自由を担保するためには、言論の封殺を主張する言論に対しての自由も担保されるべきだと僕は思う。したがってこのような映画を多くの人に観てほしくないと主張することは自由(街宣や脅しの電話を劇場にかけたりすることは論外だが)だ。でも抗議するならば最低限の条件がある。観てから言うべきだ。

「駅前に新しくできたラーメン屋、食べないほうがいいぞ」「何で?」「めちゃくちゃまずい」「開店したばかりなのにもう食べたのか」「いや、まだ食べていない」……要はこういうこと。やはりこれは順番が違う。上映中止運動を起こした彼らは、運動を起こした時点で映画を観ていない。だってまだ上映前だ。それは言論の自由うんぬん以前に、人のたしなみとしてダメだと思う。

とにかく捕鯨問題はナショナリズムのアイコンになることで、いつの間にか取り扱い注意になっていた。やはり太地町のイルカ漁をテーマにした二〇一六年製作の映画『おクジラさま』（佐々木《ささき》芽生《めぐみ》監督）には、アメリカ人ジャーナリストの「なぜ日本は捕鯨にこだわるのか」との質問に、「欧米が反対するからよ」と日本人女性が答えるシーンがある。観ながら僕は膝を打った。これに勝る答えはない。

人間はとても身勝手な生きものだ。自分たちの都合や感情で生きものの命の価値を決めている。ある意味で仕方がない。すべてを平等に扱うことなど不可能だ。肉や野菜（野菜だって命だ）を食べられなくなる。

ならばどうすべきか。自分たちがいかに身勝手であるかを知ること。後ろめたさを持つこと。まずはそれが前提だ。そのうえで他の命を利用する。殺す。食べる。これが僕の結論。その観点から、次はウシやブタの命を考える。

ウシやブタやイルカの殺され方

水揚げされた魚は市場に運ばれる。小さい魚はそのままだが、マグロなど大きい魚は切り刻まれ、部位に分けられて仲買人が購入する。同様に食肉用のウシやブタも、屠場《とじょう》に運ばれて解体される。

トラックで運ばれてきたウシは、額に細くて長い金属の棒を撃ち込まれて（ノッキング）、脊髄を破壊される。倒れると同時にウシの首は頸動脈と共に切断され、さらに片脚をフックに引っ掛けて逆さに吊るされる。ブタの場合は二酸化炭素で気絶させてから、やはり頸動脈を切って逆さに吊るす。

なぜ頸動脈を切って逆さに吊るすのか。放血させるためだ。つまり血抜き。血を充分に抜かないと肉は硬く生臭くなる。だから心臓が鼓動しているうちに放血させねばならない（心臓が止まると放血しづらくなる）。

ちなみに『ザ・コーヴ』で監督であるルイ・シホヨスが問題にしたイルカの追い込み漁は、湾の一部に追い込んだイルカを漁師たちが小舟の上から銛《もり》でめった突きにする漁だ。イルカたちは苦痛で悶えている。海が血に染まる。とても残虐な光景だ。海水の中でイルカをめった突きにすれば、浸透圧で放血が進む。イルカが悶えれば悶えるほど、苦しめば苦しむほど、身体内の血液は外に流れ出す。つまりこれは血抜きなのだ。でもこれは本来ならアウトだ。日本を含めて世界一八二ヶ国が加盟しているOIE（世界動物保健機関）が定める動物福祉基準には、屠畜の際に無用な苦しみを与えないことが定められている。だから世界中どこの国でも、牛や豚は（放血させながら）安楽死させたうえで解体している。

イルカとクジラはどちらもクジラ目ハクジラ亜目に分類されている。分類上の差はない。体長三メートルから四メートルくらいが境界線だ。これより小さければイルカ（Dolphin）で大きければクジラ（Whale）だ。だから例えば、体長二〜五メートルのゴンドウクジラは、呼称はクジラだけど分類としてはマイルカ科だ。

好んでイルカの肉を食べる人は、クジラを食べる人よりもさらに少数派だろう。ほぼいないと言ってもいい。だってイルカは水族館でも人気者だし、知能が高く人によく馴れて愛くるしいとのイメージが定着している。つまり需要はとても少ない。

前述したように、家畜を殺すときは、できるだけ苦痛を与えずに命を奪うことが世界のスタンダードだ。しかし、炭酸ガスで失神させたり長い針で脊髄を一瞬で破壊したりするなど、ウシやブタを殺すときのような手順と方式をイルカに採用したら、ただでさえ需要が少ないのにさらに採算がとれなくなる。だから銛でめった突きにして血抜きを行う。イルカの苦しみはとりあえず考えない。

やはりこれはダメだ。少なくともこの一点において、日本のイルカ漁は批判されて当然だろう。イルカは家畜じゃないって？　残念でした。イルカ漁を狩猟と見なすとしても、動物の愛護及び管理に関する法律第五章四十条で、「動物を殺さなければならない場合には、できる限りその動物に苦痛を与えない方法によってしなければならない」と定められている。

この殺戮方法についての海外からの批判に対して、太地町や農林水産省（以下、農水省）は一瞬で命を奪う殺戮方法に変更したと公表したが、一瞬で命を奪ってしまっては放血ができなくなる。ウシやブタのように手間をかけると採算がとれなくなる。殺し方を変えることは簡単ではない。

『ザ・コーヴ』の終盤、殺し方を変えたと主張する農水省の職員に、ルイ・シホヨス監督自身が太地町で盗み撮りした最近の漁の映像を見せる。無言で映像を観終えた職員は、殺し方が以前と変わっていないことについては言及せず、いつどのようにこの映像を撮ったのか、と盗み撮りを責める発言をする。つまり、問題の本質をずらそうとした。

この盗み撮りやエンターテインメント的な演出、さらには太地町のイルカ漁師を悪のシンボルのように描写しているなどの理由で、『ザ・コーヴ』に対する日本での評価は低い。確かに欠点はいくつかある映画だ。でも『ザ・コーヴ』が提示したテーマについては、僕は全面的に支持して賛同する。

ラストはメインの被写体で過激なイルカ保護活動家であるリック・オバリーが、渋谷のスクランブル交差点で自分たちが撮ったイルカ漁の映像を、胸に掲げたモニターで通行人たちに見せるシーンで終わる。最初は数人だったが、少しずつオバリーの周りに人が増えてくる。つまり、ほとんどの日本人は実態を知らないからこそイルカ漁に反対しないのだ、とのメッセージだ。決して日本人を残虐な民族だなどと責めてはいない。多くの日本人が実態を知らないことは事実なのだ。

築地市場などで魚が解体される光景を、僕たちはテレビなどでよく見かける。回転寿司店では、客寄せの一環でマグロの解体ショーなどがよく行われる。他方、ウシやブタの解体ショーなどありえない。屠場での解体の手順がテレビで放送されたことは、これまで一度もないはずだ。

僕たちが知るウシやブタの肉は、スーパーの陳列棚に置かれた発泡スチロールのパッケージだ。そしてこの前の段階は生きているウシやブタ。殺して解体する手順が抜けている。だから想像力が働かなくなる。後ろめたさが機能しなくなる。

人は身勝手だ。その事実から目をそらしてはいけない。ウシやブタやクジラやニワトリから見れば、人はこれ以上ないほどに残虐な生きものだ。

でも殺すことをやめることはできない。僕はトンカツを食べる。すき焼きも好物だ。回転寿司にもよく行くし、ケンタッキーフライドチキンも大好きだ。ベジタリアンやヴィーガンになるつもりは今のところない。

肉を食べる。そして食べながら、自分は多くの命を犠牲にしているのだと考える。その事実から目を逸らしてはいけない。知らねばいけない。いつも意識に置かねばならないと思っている。

この章はイルカとクジラ、ウシやブタやニワトリの命について書いた。人の命は違う。後ろめたさを保持していたとしても殺していいはずはない。ましておおぜいの人がおおぜいの人を殺す虐殺は、絶対にあってはならない。ところが頻繁に起きる。だからもう少し考える。なぜ虐殺は起きるのか。なぜ普通の人が普通の人を大量に殺せるのか。そのスイッチはどこにあるのか。

※文庫のための補足

元本が出版された翌年である二〇一九年、日本は南極海の調査捕鯨から撤退した。つまり趣旨の前提である事実関係が少し変わった。だからこの章は、時制も含めて元本から大幅に修正しています。

5

人を殺してはいけない理由などない

人は身勝手な生きもの

愛着がない(生きている姿を想像しないようにしている)から、ウシやブタを殺して料理して食べることができる。愛着があるからイヌやネコは家族の一員になる。愛着がないからハエやカは駆除しても心が痛まない。少しだけ愛着があるからチョウやカブトムシを意味なく殺すことができない。

相手が生きものではなく人であっても、この意識のメカニズムが同じように働く場合がある。人は人に対して優しい。でもときおり、ありえないほど冷酷になる。

二〇一五年二月、神奈川県川崎市の多摩川河川敷《たまがわかせんじき》で、中学一年生の男の子Aくんが、友人だった三人の少年に殺害された。このときの報道はすさまじかった。新聞は毎日一面で、テレビではトップニュース。献花のために全国から現場を訪ねる人が絶えず、多くの人が涙を流しながら手を合わせていた。

殺した三人に対しての憎悪もヒートした。特に主犯である少年に対しては、死刑にすべきとの署名運動が行われ、少年法に抵触することを承知で、一部メディアとネットはその実名や顔写真を伝えた。

この事件から二カ月後、千葉県芝山町《しばやままち》の畑で一八歳の女性Bさんの遺体が見つかった。暴行を受けて意識があるうちに穴の中に入れられた彼女は、そのまま生き埋めにされた。犯人は、元同級生の女性とその友人である二〇歳前後の男性たちの三人だ。

どちらも十代の少年と少女が、ほぼ同年齢の友人たちに殺害された凄惨な事件だ。被害者が受けたであろう痛みや苦しみは、川崎の事件も芝山町の事件も変わらない。しかし、千葉の事件は大きなニュースにはならなかった。献花のために現場を訪れる人もいない。

これほどに世間の反応が違う理由の一つは、報道で使われた被害者の写真にある。もっとも多く使われたAくんの写真は、本当にあどけない笑顔だった。島根県のちいさな島から都会に転校してきた母子家庭であるというサイドストーリーも、多くの人の涙を誘った。Bさんの写真は、いかにもいまどきの化粧をしたプリクラの写真だった。中学時代から素行不良であったことを、ほのめかすような報道もあった。

人は感情を無意識に仕分けする。誰かには大きく感情移入するのに、誰かにはとても冷淡だ。同じ命なのに。仕分けに合理的な理由はない。そしてメディアは、人の感情のこうした動きにとても敏感だ。なぜなら、人の感情の動きを察知して先回りすれば、視聴率や部数に反映するからだ。

こうしてニュースは作られる。Aくんの事件は今も多くの人が覚えているが、Bさんのことはもうほとんどの人が覚えていない。

二〇一五年九月、トルコの海岸に幼い子どもの遺体が打ち上げられた。子どもはシリアからの難民で、トルコからギリシャのコス島を目指して家族とともに乗ったボートが転覆して溺死したと伝えられた。

この子どもの写真と動画は世界に大きな衝撃を与え、難民問題に関心を持つ人が一気に増えた。もしかしたらあなたも、この子どもの写真や動画を目にしたことがあるかもしれないし、今も検索すればネットで見つけることができる。

でもこの数日前、オーストリアの保冷トラックの中で折り重なって死亡している七一人のシリアやイラク、アフガニスタンからの難民が発見されたときは、大きな報道にならなかった。記憶している人もほとんどいないし、難民問題で世界に衝撃を与えたのは、たった一人の子どもの遺体だった。

これをアンフェアだと怒っても仕方がない。人は理不尽でアンフェアな生きものだ。感情はコントロールできない。優しくもなれば冷淡にもなる。優しさと冷淡さ。その二つが人には混在している。もちろん僕も、そしてあなたも、とても身勝手な生きものだ。

　身勝手であることを変えられないからこそ、せめて身勝手であることくらいは意識に刻みたい。自覚したい。僕はそう思っている。後ろめたさを持ちながら生きることは確かに楽ではないけれど、その後ろめたさが触媒となって気づくこともたくさんある。

人は人を殺してはいけないと誰が言ったのですか?

　人は生きものを殺す。そして人は人も殺す。

　個人的な恨みから。つい衝動的に。財産が目当てだった。痴情がもつれて。理由や背景は様々だ。もちろん生きものにせよ人にせよ、殺すことを抑止できるなら抑止すべきだし、犠牲は最小限にしたい。いや、できることならゼロにしたい。惨劇が起こらないようにするためには、どうすべきか。どうやったら同じ過ちを繰り返さなくなるのか。それを考え続けることは大切だ。でも根源的な疑問がある。

「人が人を殺してはいけない理由は何か」

もしもそう訊かれたなら、僕は「人は人を殺してはいけないと誰が言ったのですか？」と訊きかえす。

戦争は世界中でまだ続いている。日本も含めて多くの国は、軍隊と兵器を保持している。つまり、国ぐるみで人を殺すことがあることを前提にしている。世界中の軍需産業は、できるだけ効率よく、たくさんの兵士を殺せるように、兵器の開発や増産を日々続けている。

この国には死刑制度もある。生きる価値がないと多くの人が合意して裁判所が死刑判決を確定させた命は、合法的に消去することが認められている。目隠しをされた死刑囚は、さらに手首と足首を縛られてロープで首を吊るされる。死刑囚は自殺することを許されない。彼らに科せられた刑罰は死ぬことではなく殺されること。そして死刑囚を殺すのは、僕やあなたたちが帰属する今のこの社会だ。

つまり、「人を殺してはいけない」などとは誰も言っていない。確かに法律には殺人罪があり、人を殺すと罰せられる。しかし、条文には「なぜ人を殺してはいけないのか」について明記されていない。ならば、罰を受けることを覚悟するなら、あるいはもうこの世に未練はないし死刑になって楽になりたいと思うのなら（最近の日本ではこういう動機の事件が増えている）、人は人を殺せる、ということになる。

理屈をこねまわしているつもりはない。「人が人を殺してはいけない理由は何か」という問い自体が、そもそも無効化されているのだ。人は人を殺す。人は人に殺される。それが現実だ。そこから考える。

もちろん実際に人を殺したら、自分は刑罰を受けるし、場合によっては処刑されるかもしれない。被害者の人生は中途で断絶させられている。現在も未来も消えた。あまりに理不尽だ。被害者の家族は深い絶望と悲しみに突き落とされる。耐え難いほどの虚無と寂寥《せきりよう》に苦しむ。それは自分の身勝手な行為が原因だ。

だからこそ、「人を安易に殺すな」とは言える。人は弱い。時として感情を抑えられなくなる。欲望に身を任せてしまう。一瞬の衝動で取り返しのつかない事態を引き起こしてしまうことがある。

でも戦争や虐殺などの場合、何千人何万人の規模で人が殺されることになる。絶望や悲しみの量は、総体として何千倍であり何万倍だ。戦争や虐殺は個人が起こす殺人とは違う。少なくとも一瞬ではない。痴情や逆恨みや衝動はありえない。多くの人が多くの人を殺すためには、加害する側の条件やメカニズムがあるはずだ。

もしも普遍的な条件やメカニズムを知ることができれば、ある程度は防ぐことができるかもしれない。ならば、条件やメカニズムを知るためにはどうすべきなのか。

過去の事例を知ること。被害側の声と同時に加害側の声も聞くこと。正確な歴史認識を持つこと。繰り返し意識に刻むこと。

そして、悲惨な史実や現実から、自分たちの加害から、絶対に目を逸らさないこと。

人は人を簡単には殺せない

第二次世界大戦終了後、米軍は従軍した兵士たちがどの程度戦争に積極的に関与したかを調査して、その結果に衝撃を受けた。前線で敵兵を狙って発砲した兵士は、全体の一〇～一五%しかいないことが明らかになったからだ。

なぜ発砲しない兵士が多いのか。理由は単純だった。人は人を殺したくないのだ。実際にこの調査に関与した心理学者であるデーヴ・グロスマンは、『戦争における「人殺し」の心理学』（安原和見《やすはらかずみ》訳、ちくま学芸文庫）で、この調査の顚末を克明に記述している。

人は人を簡単には殺せない。絶対に抑制が働く。戦場で兵士は、自分が殺されるという恐怖よりも、誰かを殺すことへの抵抗のほうが大きかったとのデータもある。発砲しない兵士の多くは、武器弾薬を運んだり伝令を務めたり、時には戦友を救出する危険な任務を、自らの選択で行っていたという。つまり決して臆病ではない。ところが殺すことができない。引き金を引けない。

人は人を簡単に殺せない。しかし、この状態を放置していたら、世界最強の軍隊の座を維持できなくなる。どうすれば兵士は発砲できるのか。殺せるのか。米軍は試行錯誤を重ねる。例えば射撃訓練の方法を変えた。それまでの丸い標的をやめて人の顔写真を貼ったり、人の全身像に似せた標的にした。その標的を繰り返し撃つことで人を殺すことへの心理的な抵抗を少なくする。殺すことの抑制をはずす。

大日本帝国陸軍は、この訓練方法をもっと以前から取り入れていた。大陸に侵攻したとき、捕虜にした中国兵や民間人を立ち木に縛り付け、初年兵たちに突進させて銃刀で突かせる訓練を日常的に行っていた。これを「実的刺突《じってきしとつ》」という。

実際にこの訓練に参加したかつての兵士から、僕は話を聞いた。彼の名前は絵鳩毅《えばとつよし》。この時点で九七歳。お会いした二年後に亡くなった。立派な方だった。自分たちの犯罪行為を隠すことなく伝えてくれた。以下に拙著から引用する。

「……四人の捕虜の中に、一五～六歳の少年がいました。彼は私にすがりつくようにして、『私にはたった一人の母親がいて、私の帰りを待っています。私を家に帰してください』と泣いて訴えました。私にも郷里で帰りを待つ母がいます。でももし、ここで彼を助けるならば、今度は私が(処罰されて)帰れなくなるでしょう。そんなことはとてもできません。やがて彼らは使役兵によって四本の柱に結わえつけられ、人間から『実的』(生きた標的)に変えられました。私は初年兵たちを集めて、『前方にいる者はすべて敵だ。必ず突き殺せ』と命令しました。そして四列縦隊に並んだ先頭の四人に対して、『出発!』と号令を掛けたのです」

淡々とした口調がまた途切れる。絵鳩はじっと虚空を睨んでいる。まるで話すことで放出するエネルギーが再び身体の中に満ちるのを待つかのように。やがて微かな吐息をついてから、絵鳩は再び、変わらない調子で話し始める。

「初年兵たちは土煙をあげながら、畑の上り斜面を這って行きました。実的のすぐ前まで行ったとき、教官が『突っ込め!』と叫びます。初年兵たちは半狂乱で、着剣した銃を構えて突進します。よろめいて倒れる者がいる。立ち止まってしまう者もいる。誰だって人殺しは恐ろしいのです。やりたくないのです。でも『馬鹿野郎、敵だ、突くんだ!』という教官の罵声を浴びて、初年兵は我に返る。目をつぶって銃剣を突き出す。しかしその剣先は空を切ったり、上や下へ大きく逸れたり、なかなか実的の胸を突き刺すことができません。とにかく『よし！』の許しが出るまで、初年兵たちは無我夢中で目の前の実的を突きまくります」

（『「自分の子どもが殺されても同じことが言えるのか」と叫ぶ人に訊きたい』講談社文庫、四二九—四三〇頁）

以下は絵鳩の説明の要約だ。教官から「よし！」の声がかかれば、次の初年兵たちが突進して、苦痛でうめき続ける実的に銃剣を突き刺すことを繰り返す。急所などを狙う余裕はない。初年兵たちは無我夢中で剣を突く。縛られた実的の身体は、そのたびに縫いぐるみのように撥ねる。急所を刺されないから、なかなか死なない。母親に会いたいと絵鳩に泣いてすがった少年の身体も、まるでボロ雑巾のようになっている。

この日は、各隊で同じことが行われ、三〇名の実的は最後にすべて呼吸を止め、死体は彼らに掘らせておいた穴に投げこまれた。夜には初年兵のために祝宴が催され、生まれて初めて人を殺した衝撃で青ざめたまま口もきけない初年兵たちに向かって、古年兵たちは「これで一人前になれたな」とか「おめでとう」などと笑いかけながら、彼らに持たせた茶わんに酒を注いでいたという。

こうして兵士たちは、人を殺す機械へと改造される。日本のこの訓練方法を、米軍は戦後に参考にしたとの説もある（もちろん、あくまでも参考だと思うけれど）。訓練方法を変えてから米軍の兵士の発砲率は、朝鮮戦争で五五％に、ベトナム戦争では九〇〜九五％に上昇した。

でも人を殺す機械へと改造したことで、兵士たちに予期せぬ変化が現れた。要するに副作用。

壊れてしまうのだ。

映画『フルメタル・ジャケット』から見えてくるもの

スタンリー・キューブリックが一九八七年に監督した映画『フルメタル・ジャケット』は、ベトナム戦争時にアメリカ海兵隊に志願した新兵たちの訓練と日常が前半で描かれる。落ちこぼれでみんなからバカにされていた訓練生レナードは、教官から目を付けられて、一人だけ過酷な訓練を受ける。やがてレナードは射撃の才能を発揮し始めるが、この頃から銃に話しかけるなど奇行が目立ち始める。卒業式の前夜に一人で狂気じみた笑みを浮かべたレナードは、教官を射殺してから、自分も銃口を咥えて引き金を引く。

人を殺せる人になる。それは言い換えれば、何かが壊れた人になるということだ。

アメリカン・ニューシネマの時代が終わりかけた一九七〇年代後半のアメリカ映画は、社会に適応できないベトナムからの帰還兵を主人公にした作品が多かった。主な作品だけでも、『タクシードライバー』(マーティン・スコセッシ監督、一九七六年)、『ローリング・サンダー』(ジョン・フリン監督、一九七七年)、『帰郷』(ハル・アシュビー監督、一九七八年)、『ディア・ハンター』(マイケル・チミノ監督、一九七八年)など名作が目白押しだ。

アクション映画として有名な『ランボー』(テッド・コッチェフ監督、一九八二年)は、ベトナム戦争から帰還した主人公であるジョン・ランボーが、平和なアメリカ社会から追い詰められて一人で州兵や軍隊を相手に戦う映画だ。ラストには投降を呼びかけるかつての上官に、ランボーは泣きじゃくりながら「まだ戦争は終わってない!」と絶叫する。シリーズ化されたパート2以降の『ランボー』はただのアクション映画だが、一作目は強いメッセージに溢れていた。

この時代、実際に帰還兵たちは銃乱射事件など帰国後に多くのトラブルを起こし、大きな社会問題になっていた。だからこそ、アメリカは戦争の形態を変える。人を殺す実感がないままに人を殺せる兵器の開発と戦略へのマイナーチェンジだ。ならば心は壊れない。後遺症も軽減する。

その典型が湾岸戦争だ。地上戦はほとんどない。米軍兵士たちの多くは戦場から離れた場所でパソコンのモニターを見つめながら、ミサイルのスイッチをクリックして敵兵を殺害して施設を破壊する。デジタル化された情報は、「人を殺し殺される」というリアリティを徹底的に削ぎ落とす。

しかし、アメリカはイラク戦争で、また同じ失敗をしてしまう。バクダッド制圧後に地上軍を送ってしまい、闘志を失っていないイラク残党兵たちと戦闘状態になったのだ。こうして兵士たちは再び心を病み、捕虜に対して残虐な虐待や拷問を行っていたことが発覚して大きな問題になり、帰還した兵士たちは社会復帰できずにホームレスになったり銃乱射事件を起こしたりしている。正常な感覚を取り戻せずに苦しみ続けている。これをテーマにしてヒットした映画が『アメリカン・スナイパー』（クリント・イーストウッド監督、二〇一四年）だ。

イラク戦争の終結をオバマ大統領が正式に宣言した二〇一一年、僕はニューヨークのデビッド・アレキサンダーを自宅に訪ねた。イラク戦に志望して従軍したデビッドは、イラクの一般市民を加害したことでＰＴＳＤ（心的外傷後ストレス障害）となり、除隊した今も苦しみ続けている。普通の職を得ることができずレストランのアルバイトで生計を立てているデビッドは、イラクの人たちに今は何を言いたいかと僕が質問したとき、しばらく沈黙してから「個人的に謝りたい」と小さな声で言った。その視線はずっと落ち着かない。内面の葛藤がよくわかる。「病院の警護を命令されたとき、僕はアメリカの兵士を優先して一般市民を追い返した。そう指示されていたんだ。いかにも具合が悪そうな老人が一人いた。受診させてくれと懇願されたけれど、僕は彼を銃で脅して拒絶した。その日の任務が終わって病院から出たら、その老人が路上で死んでいた。僕が殺したんだ。言い訳だけど、あのときの自分は普通じゃなかった。彼の顔が今も忘れられない」

そこまで切れぎれに言ってから、デビッドはまた沈黙した。僕も言葉がない。じっと床の一点を見つめる彼の横顔を、しばらく見つめていた。

人は人を簡単には殺せない。人を殺すためには心の中の何かを壊すしかない。もちろん個人差はある。前述したように、第二次世界大戦時に敵に発砲した米軍兵士は（少ないと言っても）一〇〜一五％いた。グラデーションはある。でも多くの兵士たちは、できれば人を殺したくないと思っている。

米軍が新兵訓練などを試行錯誤していた一九四九年、人類学者のレイモンド・ダートは、直立二足歩行をしていた猿人のアウストラロピテクス・アフリカヌスの骨の研究をベースに、アウストラロピテクスは骨や石などを素材にした武器で狩猟を行い、さらに同族の仲間を攻撃していたとの論文を発表した。

ダートのこの説は、『アフリカ創世記』（徳田喜三郎《とくだきさぶろう》ほか訳、筑摩書房）の著者であるロバート・アードレイや動物行動学者のコンラート・ローレンツに受けつがれ、狩猟によって攻撃性の本能を拡張しながら保持したからこそ、ホモ・サピエンスはこれほど急速に進化したとの説へと拡大した。

人はこれほどに進化したのに、なぜ未だに戦争をやめられないのか。この命題に対して多くの人は、「人には闘争本能があるから」と説明する。ダートやローレンツの説が広く流布した帰結でもある。しかし、山極寿一《やまぎわじゆいち》（霊長類学者・京都大学名誉教授）によれば、最新の研究と調査で、この説は完全に否定されている。新たに行われたアウストラロピテクスの化石骨調査により、ダートの説はほぼ誤りであったことが証明されたのだ。文化人類学的にも、狩猟文化と人に対する攻撃性は、むしろ相反することが明らかになっている。生きものの生命を日常的に奪うからこそ、同族の生命を奪うことに慎重になる。考えたら当たり前だ。狩猟民族は凶暴で農耕民族は穏やか。人はそんな単純な生きものではない。

動物は環境からの解発刺激に応じて機械的に攻撃衝動を発露させているのではなく、状況や経験にしたがって葛藤への対処の仕方を変えることがわかってきた。また、自然淘汰は種や集団に奉仕する行動を残すように働くのではなく、個体に繁殖上の利益を生み出すように作用すると主張されるようになった。そのため、集団間の戦いに命を捧げるような行動を進化によって説明することが困難になった。さらに、同種の仲間を殺害するのは人間の専売特許ではなく、他の動物にもいくらでも事例があることが報告されるようになった。内なる衝動である攻撃性を同種へ向けたところに人間の悲劇を見たローレンツの考えは、もはや受け入れ難くなってきたのである。

（山極寿一『暴力はどこからきたか』ＮＨＫブックス、一二七頁）

攻撃衝動はもちろんある。ただしこれを、食欲や性欲など本能と同じレベルの衝動に位置づけることは明らかな過ちだ（もしもそうならば、この社会はとっくに崩壊しているだろう）。さらに人間は、他者への攻撃衝動を抑えこめるだけの理性や良心、他者への共感などを発達させてきた（これが先天的に欠けている人が、いわゆるサイコパスだ)。

つまり人類が戦争と手を切れない理由は攻撃衝動ではない。人は人を殺す。時には衝動的に。時には欲望を抑えきれず。時には不注意で。これらはすべて一過性だ。持続はしない。そして同時に、人は人を殺したくない生きものでもある。理性の力は決して弱くない。

ならば虐殺や戦争はなぜ起きるのか。人を殺したくないはずなのに、なぜ人は時として人を大量に、組織的に、無感覚に、殺すことができるのか。

日本人の心は壊れにくいのか?

ずっと気になっていることがある。大日本帝国陸軍の兵士たちは、人をためらいなく殺せるように、戦場で様々な訓練を強制された。つまり壊された。ところが壊れる度合いが小さい。もしくは復元力が強い。

科学的に計量したわけではない。あくまでも僕の主観的な印象だが、ベトナム戦争やイラク戦争であれだけ多くのアメリカ帰還兵が壊れてしまったことに比べれば、大日本帝国陸軍の兵士たちの精神はとても強靭だと思いたくなる。

ただし、当時と現在のメディアの違いは大きい。第二次世界大戦が終わった頃にはPTSDという病名はないし、心的外傷が後遺症となるという発想は一般的ではなかった。命名されて初めて現象が発現する場合がある。特に精神医療の世界でこの傾向は大きい。

さらに日本には、精神を病んだ家族を自宅の離れや物置小屋などに拘束する私宅監置が一九五〇年まで合法的に認められていたことが示すように、精神の障害を恥と見なして隠す文化があった。戦場から帰還した父親がPTSDで苦しんでいたことに気づいて二〇二〇年に「PTSDの日本兵と家族の交流館」を設立した黒井《くろい》秋夫《あきお》は、全日本民医連のウェブサイトで、戦時中の日本は精神を病むような軟弱な皇軍兵士はいないと兵士のPTSDを認めず、戦後にはアジア諸国に対する謝罪や戦争責任に向き合おうとしないからこそ、元兵士たちは加害によって自らが壊れたことを公言しづらかった、と述べている。

そうした要素は踏まえつつも、例えば南京虐殺に加担した兵士や七三一部隊で多くの捕虜を生体実験に使って殺してきた研究者たちが、戦後は日常生活に普通に戻っている状況を知れば知るほど、この強靭さは何に由来するのだろうとやはり不思議になる。

相対的に日本人は壊れづらい。もしもこの仮説が事実ならば、これは何を意味するのか。

日本人は組織と相性がよい。言い換えれば個が弱い。だから組織に馴染みやすい。周囲と協調することが得意だ。悪く言えば機械の部品になりやすい。だからこそ組織の命令に従うことに対し、個による摩擦が働かない。

戦後日本において会社は、家族と並ぶ重要な共同体だった。終身雇用は大前提だ。入社したならば社員として忠誠を尽くす。戦争中は皇軍兵士で戦後は企業戦士。共通することは滅私奉公だ。なぜ私（自分）を滅するのか。全身全霊で奉公するためだ。何に奉公するのか。自分が帰属する組織共同体だ。戦中ならば国家や軍隊。戦後は会社や役所や団体だ。私がないから方向や速度への関心が薄くなる。優先されるのは全体と同じ動きをすることだ。

帰属する多くの人が個であることを捨てたとき、組織は時として暴走する。そして止まらなくなる。帰属する個がすべて滅私奉公で走り続けるからだ。このとき組織が向かう方向が正しければ、大きな問題にはならない。むしろ成果を上げる。

こうして戦後日本は高度経済成長を成し遂げた。東京を含めて大都市はほとんど焼け野原になって原爆を二つも落とされたのに、一九六八年にはGNP世界第二位を達成した。これは確かにミラクルだ。組織の力は世界一かもしれない。でも仮にそうであるならば、個の力は世界一弱いということと同義なのだ。

かつて日本は大きな過ちを犯した。アジアに多大な損害を与え、全体主義でアジアを支配しようとした。だが、それは昔話。国は変わった。兵士たちは武器を捨て、民主的な憲法が公布され、平和国家として再生した。多くの人はそう思っている。でも日本人の内面は変わっていない。僕はそう思う。今も組織は強い。そして個は弱いままだ。

人は社会的な生きものだ。組織に帰属しなければ生きていけない。だから組織そのものを否定するつもりはない。けれども組織にはリスクがある。後から考えればありえない方向に暴走する。理性や論理を失う。そして組織の失敗は個人の過ちとは規模が違う。多くの人が害される。

組織の過ちは世界中にある。過去にもあるし今もある。そして組織の一部になりやすい日本人は、組織の一部になることの危険性とリスクが身に染みていない。だからこそ多くの日本兵は壊れづらい。内省しない。自分の加害を記憶しない。組織に帰属しやすい自分への意識が薄い。組織の危うさを実感していない。しっかりと振り返って自分たちの過ちを見つめていない。都合の悪い歴史から目を逸らしている。断言しよう。ならば僕たちは、同じことを繰り返す。

6　もとからモンスターである人などいない

殺人をどう罰するか

どんなに社会が成熟して人が進化しても、不安や怒りや嫉妬や憎悪を人が持つかぎり、衝動的な感情が消えないかぎり、世界から殺人事件はなくならない。減ることはあってもゼロになることはありえない。

データから日本の殺人事件を考える。統計では、殺人で検挙された人のうち四分の三が男性だ。近年は不審者や見知らぬ人への注意を喚起する掲示や広告をよく見かけるけれど、不審者（つまりまったくの他人）が他人を殺害する事件は、実のところとても少ない。殺す側と殺される側の関係は九〇％弱が知人で、そのうち半分以上が親族だ。殺す側と殺される側の関係が近いからこそ、「憤怒《ふんぬ》」や「怨恨《えんこん》」が動機の半分以上を占める（以上、「研究部報告50」法務省法務総合研究所、二〇一三年、「殺人事件の動向」を参照）。

人は人を殺す。かっとなって。個人的な恨みで。自分の欲望を抑えられなくて。妬みで。つまり感情が暴走して。

しかし、戦争や虐殺は、感情が起因となって起きる事件とは少し違う。個人の殺人の多くは衝動に由来するが、虐殺や戦争は長く持続する。そのメカニズムは何か。感情は一瞬だけ暴発する。だから制御することはむずかしい。でも集団の暴走は長く続く。ならばメカニズムを解明できれば、これを抑制する手立てがあるかもしれない。

戦争や虐殺のメカニズムを考えるうえで、極めて重要だと思われる一つの補助線を提示する。罪と罰への意識だ。

日本ではオウムによる地下鉄サリン事件以降、そして世界ではアメリカ同時多発テロ以降、喚起された不安と恐怖が燃料となってセキュリティ意識が肥大し、善悪二分化が進行して厳罰化が加速した。これ以前と以降では、罪と罰のバランスが明らかに激変した。

変化した理由は、高揚した応報感情が国民的に共有されたからだ。要するに罪を犯した人に対して、もっと重い罰を与えたいという気持ちが強くなった。こうして量刑が変わる。

少年法の刑事罰対象年齢は二〇〇〇年の改正で一六歳以上から一四歳以上に引き下げられ、二〇〇七年には「おおむね一二歳以上」ならば少年院送致が可能になった。さらに二〇二二年には、一八歳と一九歳の少年事件を成人に準じる扱いとする「事実上の厳罰化」が決定された。念を押すが、（一般の殺人事件と同様に）少年事件も年々減少を続けていて、現在は戦後のピークだった一九五八年の六分の一以下だ。ところが改正のたびに、少年事件が多発化・凶悪化している、とのフレーズがメディアでは当たり前のように流通する。

危険運転致死傷罪の新設は二〇〇一年。二〇〇四年には有期懲役刑の上限が二〇年から三〇年に延長され、殺人罪の下限は三年から五年に引き上げられた。殺人事件の認知件数は一九五六年をピークにほぼ毎年戦後最少を更新しているのに、死刑判決は逆に急増し、特に二〇〇七年は高等裁判所と最高裁判所が被告人に死刑を言い渡した回数は延べ四七回を記録して、一九八〇年以降で最多となった。

もう一度書くが、日本ではオウム真理教事件で始まった厳罰化は、今では世界的な傾向だ。こうした状況なのに、厳罰化ではなく寛容化を進める地域がある。北欧だ。ノルウェーを筆頭にフィンランドやスウェーデンは、犯罪者に寛容な刑事政策を進める国として知られている。

二〇一〇年、寛容化のキーパーソンであるオスロ大学のニルス・クリスティ教授に会うため、ＮＨＫのクルーと一緒にノルウェーに行った。クリスティ教授に案内されて、ノルウェーの刑務所や法務省なども訪ねた。

実はノルウェーも一九八〇年代前半までは、厳罰化を進める国だった。そしてこの頃は治安が悪かった。ところがクリスティ教授の提唱する寛容化政策に舵を切ってから、治安が少しずつ（だが確実に）向上したという。

ノルウェーには死刑はない。もう一〇〇年以上も前に廃止した。まあ、これは寛容化の文脈とは別の話。だってヨーロッパで死刑を今も残している国は、欧州最後の独裁国家と言われるベラルーシだけだ。ノルウェーには終身刑も無期刑もない。最高刑で禁固二一年だ。

このときの取材がNHK－BSで放送された翌年である二〇一一年七月、ノルウェーで連続テロ事件が発生した。実行犯である三二歳のアンネシュ・ブレイビクは、移民の受け入れを進める政府への反発を示すため、まずは政府庁舎を爆破して八人を死亡させ、さらに十代の青少年たちがサマーキャンプを行っていたウトヤ島にフェリーで渡り、銃を乱射して六九人を殺害した。単独犯としては、世界でもっとも短い時間でもっとも多くの人を殺害した事件として記録されている。

事実関係で争うことはほとんどなく、事件の翌年にブレイビクへの判決は下された。日本の一部のメディアは、この事件を契機にノルウェーで死刑復活の動きがあるなどと報じていたが、判決は禁固最短一〇年で最長二一年。ノルウェーは原則を変えなかった。

二〇一五年、服役中のブレイビクは「オスロ大学で政治学を学びたい」と要望し、刑務所と大学は「教育を受ける権利は何人も侵害されない」としてこれを認めた。七七人を殺害したブレイビクは、受刑者であると同時に大学生になった。もちろん通信制だったと思うけれど、いずれにしても日本ならありえない待遇だ（でもよくよく考えれば、懲役の目的は更生なのだから、この判断は正しい）。

加害者は人間であり、モンスターではない

ノルウェーの首都オスロを歩きながら、何とも言えない解放感に自分が浸っていることに気がついた。その理由は何か。

まず、監視カメラがない。まったく存在していないわけはないと思うが、コンビニや交差点など、日本なら当然あるはずの場所であっても見かけない。だから気づく。監視カメラの存在は人に安心感を与えない。逆に気持ちを不安にさせる。

警察官もいない。一週間の滞在で見たのは一回だけ。それも交通整理をしていた女

性騎乗警官だった。彼女も他の警察官も、基本的には銃を携帯していない。とにかく声高なセキュリティがほとんどない。その状態を手放しで称賛はしない。セキュリティ対策が無用とは思わない。だが少なくとも、過剰なセキュリティが人の心に負荷をかけることは確かだ。

オスロは首都だけど夜の街は暗い。ただしベルリンでもパリでもルクセンブルクでも、どこへ行っても東京よりは暗い。東京だけではない。日本の都市（特に大都会）はとにかく明るい。

ヨーロッパに暮らす人は、東に行けば行くほど夜が明るくなる、とよく口にする。ヨーロッパから見れば、FAR EAST（極東）の都市は東京。明るいということは、電気の消費量が多いということ。

福島で原発事故があった直後には、電気が足りなくなるからとの理由で、東京電力は計画停電を行いながら節電を呼びかけ、コンビニなども含めて街の明るさはこれまでの半分近くになった。

受け取りかたは人によって様々だと思うけれど、蛍光灯の扁平な明かりが消えて（蛍光灯の灯りの下では赤ワインがカエルの血に見える、と開高健《かいこうたけし》が書いていた）陰影が濃くなったこの時期の東京を僕は嫌いではない。むしろ気持ちがよかった。息がしやすくなったという感覚だ。

あれからもう十年以上が過ぎる。東京に電力を供給する福島県内の原発と柏崎刈羽《かしわざきかりわ》原発はまだ再稼働していないのに、東京の街はあっというまに事故以前と同じく明るくなった。福島第一原発事故直後、原発を再稼働しなければ夏の暑さと冬の寒さでこの国の電力事情は壊滅的な状態になる、との言葉を何度も聞いた。

だがここ数年は猛暑と厳寒を繰り返しているけれど、電力不足には一度もなっていない。だから思う。原発いらないじゃん。しかし、再稼働に賛成する人が増えてきた。

さらに二〇二三年、岸田政権は原発回帰を一気に推し進めた。ロシアのウクライナ侵攻によるエネルギー価格の高騰などを理由に挙げながら、新規の建て替えや六〇年超の運転容認を決定した。

だからつくづく思う。この国は記憶することが本当に苦手だ。戦争にしても核兵器にしても原発にしても、そのときは激しい衝撃を受けて意気消沈するが、時間が経てば少しだけアレンジされた音楽でまた踊り始める。

つまり絶望しない。身に沁みない。だから同じ失敗を何度も繰り返す。

犯罪学の世界的権威で（その著書は日本でも何冊か翻訳されている）ノルウェー寛容化のキーパーソンでもあるクリスティ教授は、初めて会ったとき、シャツの襟にブルーベリーのジャムの染みをべったりと付けていた。たぶん朝食を急ぎ過ぎたのだろう。

NHKの取材だったので、スケジュールは慌ただしかった。撮影の合間にクリスティは、「次は秋に来なさい」と微笑みながら僕に言った。

「約束できるかい?」

「約束します」

「キノコが美味しいよ。一緒にとろう。ノルウェーではキノコや木の実は誰が採ってもいいのだから」

ノルウェーやスウェーデンなど北欧には自然享受権があり、私有地でも国有地でも自然に生えたもの(果実も)は誰でも自由に採ることができる。でも約束は守れなかった。この五年後にクリスティは逝去した。享年八七。叶えることはできないけれど、父や母と同様にまた会いたい人の一人だ。

オスロ大学の院生時代、ナチス・ドイツがノルウェーに設置した強制収容所の実態を、クリスティは修士論文を書くために調査した。その収容所にはユーゴスラビアのユダヤ人が多く収容されており、他の収容所と同様に、多くの人が殺害されていた。看守にはノルウェー人が起用されていて、クリスティが院生のときはまだほとんどが存命だった。

多くの元看守たちに当時の話を聞きながら、クリスティは一つの事実に気がついた。捕虜を殺した看守と殺さなかった看守のあいだには、とても明確な違いがあった。捕虜を殺さなかった看守の多くは、任務中に捕虜と個人的な会話を交わしていた。ユーゴスラビアに残してきた家族や故郷の風景の写真を見せてもらったと語る看守もいた。

一方、捕虜を殺害した看守のほとんどは、捕虜と私的なコミュニケーションを交わした記憶を持たず、事前にナチス・ドイツの司令官に言われた「ユーゴスラビア人は野蛮な野生動物のような存在だ」をそのまま信じこんでいた。

私的な会話を交わす。たったそれだけのことで、その後の行動は大きく変わる。捕虜を殺した看守たちも私的な会話を交わしてさえいれば、殺すことはなかったはずだ。

クリスティはそう主張する。

人を人として接する。父がいて母がいて伴侶や子どもがいて、時には笑ったり泣いたり怒ったりする。つまり自分と同じ人間であるということに気づく。あるいは人間的に扱う。その行為が、フリーズしかけていた人間としての理性や良心を再起動する。

カメラの前で、クリスティは最後にこう言った。

「私は世界中の刑務所を調査した。日本にも何度か行った。世界中の犯罪者に会ってきた。一般の人は彼らをモンスターだと思っている。しかし、私はこれまでモンスターに会ったことがない。社会的な生活環境を整えて人間らしく接すれば、誰もが人間だと気づくはずだ」

うなずく僕にクリスティは、「オウム真理教のドキュメンタリー映画を撮る過程で、君はモンスターに会ったかい？」と言った。けっこう際どい質問だ。でもクリスティの口もとはにこにこと微笑んでいる。僕は首を横に振る。

「会ったことがないです。信者たちはみな、普通以上に善良で優しい人たちでした」

「不思議だね」

そう言ってからクリスティは、もう一回微笑んでからこう言った。

「いったいどこにモンスターはいるのかな」

事件や事故が起きたとき、社会の注目を集めれば集めるほど、メディアはその事件や加害者の特異性を強調する。例えば犯人が護送されるときにふと微笑んだとしたら、カメラマンたちはいっせいにシャッターを押し、その日のテレビのニュースや翌日の新聞は、この笑顔を大きく紹介する。

人は嬉しいから笑うとは限らない。答えづらいことを訊かれて困惑しながら笑みを浮かべる人は少なくない。でも切り取られた一瞬の笑顔は、残虐な事件を起こしながらニヤニヤと笑う犯人という特異性を際立たせる。

こうして事件はさらに多くの人の関心を集め、犯人は理解不能なモンスターとして造形される。こんな奴とのコミュニケーションなどありえない。だからこそ処罰して隔離する。世界から抹消することも当然だとの意識を、多くの人は共有する。

ノルウェーの強制収容所を調べた修士論文の最後に、「人は特異な状況下におかれると、どんな残忍な行為をもしかねない」とクリスティは記述している。この場合の「特異な状況」とは何か。何がどのように「特異」なのか。そしてその状況はどのように人を変えるのか。変わる人と変わらない人の違いは何か。

憎しみと愛情のはざまで

ノルウェーでテロが起きた翌年、僕はクヌート・ストールベルゲ法相(当時)にインタビューした(「世界」二〇一二年八月号)。

テロの翌日にストールベルゲは、当時の首相であるイェンス・ストルテンベルグ(二〇一三年現在はNATO事務総長)と二人でウトヤ島にヘリで向かった。六九人

（うち五五人は一〇代の少年少女）が殺害された現場だ。フェリーで駆けつけていた被害者の親たちは、血みどろのわが子の遺体を抱きしめて泣き叫んでいる。まさしく地獄絵図だ。

そこに加害者であるブレイビクの母親が現れた。手には慰霊のための花束を抱えている。被害者の母親たちが集まってきた。そこで何が起きたのか。ストールベルゲは僕に、「被害者の母親たちは、加害者の母親と抱き合って泣いていました」と教えてくれた。「あなたが一番つらいわね」と加害者の母親に泣きながら声をかけた被害者の母親もいたと言う。

現場には、生き残った少年と少女たちもいた。その中の一人の少女がCNNからコメントを求められ、こう答えた。

「一人の男がこれほどの憎悪を見せるのなら、私たちはそれを上回るほどの愛情を示しましょう」

この言葉は世界に大きく報道された。

その翌日に行われた追悼ミサでストルテンベルグ首相は国民に向けて、「私たちは、未だ起きたことにショックを受けていますが、私たちの価値を放棄することはありません。私たちのこの事件に対する答えは、（この国を）より民主的に、より開放的に、そして人間性をより豊かにする、ということです」と述べてから、少女の言葉を引用した。

ならば、遺族の気持ちはどうだろう。ブレイビクを憎悪して応報感情に捉われる人は少なくないはずだ。遺族すべてでもおかしくない。大多数の日本人の感覚からすると、怒りや報復を訴える声がなかったとは思えない。そう質問する僕に、ストールベルゲはこう答えた。

「確かに一部のメディアや市民からは、刑事司法政策を変更すべきだという声が上がりました。要するに寛容過ぎると。しかし、犠牲者の遺族たちはみな、そうした動きや声に対して、はっきりと『ノー』を表明しました。これまでノルウェーが歩んできた道を変えてはならない、という反応でした」

補足せねばならないが、ノルウェーでは犯罪被害者や遺族が国や行政から手厚くサポートされている。もしも加害者に被害者や遺族に対する補償能力がなければ、国家から拠出するための基金がある。被害者遺族に対する精神的なケアは、自治体が責任を持って行っている。国や行政だけではなく民間レベルでも、被害者や遺族を支えるNPOがいくつもある。

オスロ滞在時にその一つを訪ねた。広めのマンションの一室だ。数人のスタッフが常駐して、訪ねてくる犯罪被害者遺族たちと話し込んでいる。被害者遺族だけではなく、加害者の家族もその中にいた。

「いきなりつらい状況になってしまったという意味では、被害者遺族も加害者家族も変わりません」

加害者の家族も訪ねてくることについて、スタッフは僕にそう説明した。さらに、加害者やその家族と話し合うことは、被害者遺族の憎悪や絶望を救うことにもつながる場合があるのだとも言う。つまり修復的司法の実践だ。

まさしくクリスティが言うように、話し合って同じ人間であると認識することだけで激しい憎悪が化学変化を起こす場合があるのだと、スタッフは言葉を続けた（ただしもちろん、すべての遺族と加害者に当てはまるわけではない）。

ストールベルゲ法相は考え込む僕に、「（寛容化を進める理由は）決して人道主義だけではない」と何度も言った。実際に治安がよくなるからこそ、自分たちは合理的に判断したのだと。

だから考える。もしもそのほうが合理的だとしても、今の日本ではなかなか寛容化に舵を切れないだろう。なぜならばそれは悪を赦《ゆる》すことになる。この国の民意は、それだけは絶対に許さない。

そこまで考えて気がついた。ならば僕が生まれたこの国では、被害者がこれ以上増えないことよりも、加害者を罰することを優先している、ということになるのだと。

自由意志のあやうさ

「人を殺してはいけないということを示すために、なぜこの国は人を殺すのですか」

オーストラリアから日本に留学したばかりの女子大生は、日本に死刑制度があることを知ったとき、本当に理解できないというような表情で僕に言った。これが初めてではない。イタリアでもドイツでもフランスでもノルウェーでも、日本に死刑があるということについて、同様の反応をされることは多かった。

そのような選択が存在していることが不思議だというような彼らの表情に何度も接しながら、RPG（ロールプレイングゲーム）と一緒だと気がついた。「ドラゴンクエスト」でも「ファイナルファンタジー」でも、移動のためには「歩く」と「走る」くらいしかできなかった主人公が、成長とともに「（チョコボに）乗る」とか「（魔法で）空を飛ぶ」などコマンドが増えてくる。

コマンドが現れる前には、「空を飛ぶ」という発想などない。その状態では自分が飛べるなどとは思いつきもしない。つまり、死刑を廃止して何十年も経っている国では、「悪いことをしたことへの応報として命を奪う」という発想がすでにない。逆も言える。近現代史において死刑制度がない時代を体験したことがない日本に暮らす多くの人は、どれほどに悪いことをしても命を奪うことはしない、という発想がない。人は環境に馴致《じゅんち》しやすい生きものだ。熱帯雨林のジャングルに暮らすこともできれば、一年の半分以上が氷と雪に覆われる北極圏で生活することもできる。適応能力がとても強い。だからこそこれほどに繁栄できた。

とはいえ、過剰な適応力は、時として弊害をもたらすことがある。今の状況を前提にしてしまうのだ。あなたがもしも独裁国家に生まれたとして、過去の歴史を知ったり他の国と比較することが自由にできなければ、独裁体制であることは当たり前になってしまう。ちなみに過去の歴史を知ることは教育の領分であり、他の国との比較はメディアの役割だ。

人の自由意志はとても危うい。そもそも幻想であるとの仮説もある。人がある動作をしようと決断する〇・二五秒前に、脳内に無意識的な電気信号（準備電位）が立ち上がっていることは、『マインド・タイム』（下條信輔《しもじょうしんすけ》訳、岩波書店）などの著作があるベンジャミン・リベットなどが実験によって確認している。つまり動作を決めている本当の主体は無意識だ。

マクドナルドの椅子は座り心地が悪い。そのように設計されている。だから多くの人は長居をしない。結果として店の回転率は上がる。しかし、席を立つとき、自分は自分の自由意志で席を立ったと誰もが思い込んでいる。自分の無意識が席を立つことを決めたとは誰も思わない。

死刑を廃止するべきか残すべきかと訊かれたとき、賛成とか反対とかわからないなどと答えながら、誰もが自分は自分の意志で答えたと思っている。死刑賛否のように深刻な問いだけではない。

あなたは春と秋のどちらが好きか。カレーとシチューならどちらを選びますか。いま行くなら海と山のどちらか。あなたは答える。私は春のほうが好きだ。どちらかといえば僕はカレーです。私は絶対に海よ。その答えはあなたの意志であると同時に、あなたの環境や人間関係などによって誘導された無意識が決定した答えでもある。

僕は自信たっぷりな人が苦手だ。自分の思想や判断に絶対的な自信があって、それとは違う誰かの思想や判断に罵声を浴びせかける人が嫌いだ。きっとあなたの周りにもいると思う。僕の周囲にもたくさんいる。特にネットには多い。そんな人たちは攻撃的になりやすい。多数派で少数派を追い詰めることが大好きだ。

一九九八年、アメリカのアーカンソー州の中学校で、四人の生徒と一人の教師が亡くなる銃乱射事件があった。実行犯は一一歳と一三歳の少年二人。このときTBSの社員だった下村健一《しもむらけんいち》は、「NEWS23」の取材で加害少年の家を訪ねた。彼と撮影クルーを迎えた母親は、全米から送られてきた大量の手紙が入った箱をカメラの前で開けた。

これがもしも日本なら、「子どもの犯罪の責任をとれ」とか「おまえも同罪だ」などと犯人の家族を責める内容の手紙ばかりだろう。でも彼女の家に届いた大量の手紙は、ほぼすべて慰めと励ましの内容だった。

論理的に考えれば当たり前だ。母親には何の罪もない。むしろ被害者の一人だと考えることもできる。ところが日本では、被害者や遺族の気持ちを知れなどと叫ぶ人たちの多くは、さらに弱い立場にいる被害者（加害者家族）に罵声を浴びせる。

かつて記者会見で、殺人事件を起こした中学生男児の家族について、「被害者の両親だけを（テレビなどに）映すのではなく、加害者の親を引きずり出すべきだ」「市中引き回しで打ち首にすればいい」と発言した国会議員がいた。このときはさすがに物議をかもしたが、その意見に賛同する声もネットには多数寄せられた。見ながら不思議だった。加害者家族も引き回せとの主張に対して、これほど多くの人が「いいね」をクリックしている。彼らはこの家族から何をされたのか。何もされていない。つまりそれは社会正義なのか。でもならば訊きたい。主語は誰なのか。どこにあるのか。あなたの「いいね」によって加害者家族はさらに追いつめられる。それは当然なのか。罪の報いだとあなたは本気で思うのか。

現状としてこの国の加害者家族は、とてもつらい状況に追い込まれる。誰も自分たちを知らない土地に引っ越すことが普通だ。それまでの仕事を続けることはむずかしい。一家離散はよくある。ほぼ報道されないが自殺も少なくない。

僕は、たまたま「NEWS23」のこの特集をリアルタイムで観た。後日、下村にこの話をしたら、「あのときは本当に驚いたよ」と彼はうなずいた。日本とアメリカとは何が違うのだろう。しばらく二人で話し合った。

はっきりとはわからない。しかし、とても大切な何かが違う。日本だって一人ひとりは優しい。でもその優しい一人ひとりが、何かのきっかけで変化する。そのきっかけとは何か。何がどのように作動するのか。

あなたにも考えてほしい。僕もずっと考えている。

7 この世界は虐殺に満ちている

虐殺の歴史を振り返ってみよう

世界で、そしてこの日本で、どんな虐殺事件が起こってきたのか。以下に五つの代表的な事例を紹介する。

①デマが罪のない多くの人を殺す ——関東大震災時の朝鮮人虐殺——

一九二三年九月一日正午前、相模湾を震源とする関東大震災が発生した。倒壊した家に押し潰されたり火事で炎に包まれたりして亡くなった人の数は一〇万人以上。天災としては日本の近代において最大の被害規模だ。

震災後の混乱を恐れた内務省（警察と地方行政をになう役所）は、地震翌日の九月二日に戒厳令を告げた。このとき内務大臣の水野《みずの》錬太郎《れんたろう》と警視総監の赤池《あかいけ》濃《あつし》は各地の警察署に、「混乱に乗じた朝鮮人による凶悪犯罪、暴動などを画策しているので注意すること」という記述を加えた。ただし「朝鮮人による凶悪犯罪、暴動などを画策している」と断言する根拠は示されていない。それはそうだ。根拠などない。

　この時期の朝鮮半島は大日本帝国に併合されていた。つまり植民地。日本政府は朝鮮を統治するため朝鮮総督府を設置し、土地調査事業を名目に多くの朝鮮人から土地を収奪し、労働力として多くの人を日本に連行していた。抗日運動に対しては徹底して弾圧した。取り調べの際の拷問や虐殺は珍しくなかった。だからこそ地震で世情が混乱したとき、きっと在日朝鮮人たちはこれを機会に報復するとの思い込みが働いた。

「凶悪犯罪、暴動などを画策している」との文言は、伝達の過程で「『不逞鮮《ふていせん》人《じん》』の来襲あるべし」「社会主義者と朝鮮人の放火多し」「朝鮮人、市内の井戸に毒薬を投入」（内閣府「災害教訓の継承に関する専門調査会報告書　平成二〇年三月　一九二三関東大震災（第二編）」から引用）など既成事実に加工され、被災した一般の人たちのあいだにもデマとなって広がり始めた。

　暴徒から自分たちを守ることを理由に各地域で自警団が組織された。日本刀や竹やりなどで武装した男たちは朝鮮人狩りを始め、多くの朝鮮人が殺された。犠牲者の正確な数は不明だが、定説としては六〇〇〇人以上と言われている。また朝鮮人だけではなく、中国人や（朝鮮人に間違われた）日本人もかなりの数が自警団によって殺害されている。

②ホロコースト ——ナチスによるユダヤ人大量虐殺——

一九三三年に政権を掌握したナチス・ドイツは、ドイツ国内とその占領地域に暮らすユダヤ人の市民権を剝奪したうえで、ゲットーなど隔離された居住地域に強制的に移住させた。

その後もユダヤ人への迫害は続き、一九四二年のヴァンゼー会議に集まったラインハルト・ハイドリヒ親衛隊大将など一五名のナチス党幹部は、「ユダヤ人問題の最終的解決」について話し合い、ユダヤ人を絶滅することを決定した。ナチス・ドイツはドイツ本国と占領下にあったヨーロッパ各地に強制収容所を作り、各地から貨物列車で移送させたユダヤ人をガス室に閉じ込め、毒ガスを浴びせるなどして殺戮した。

ポーランドのアウシュビッツ収容所に移送されたユダヤ人は、「労働者」「人体実験の検体」「価値なし」の三種に選別され、女性や子ども、老人を含む「価値なし」はそのままガス室へ誘導されて殺された。「労働者」の多くは虐殺業務を手伝うことを命じられ、劣悪な環境で働けなくなると「価値なし」として処分された。虐殺されたユダヤ人は数百万人。最大で約六〇〇万人と言われている。

③普通の人が普通の人を殺す——政権側によるインドネシアでの虐殺——

一九六五年、インドネシアで急進左派軍人勢力による国軍首脳部暗殺事件が起こるが、陸軍の司令官だったスハルトを中心とする右派軍人勢力によって、クーデターは迅速に鎮圧された。しかし、これをきっかけに右派軍人勢力による「共産党員狩り」が始まり、冷戦下の東南アジアで最大規模を誇ったインドネシア共産党は壊滅し、スカルノ大統領の求心力は一気に低下した。その後も共産党員や関係者への虐殺は続き、一九六八年にスカルノは辞任し、スハルトが新たな大統領となった。

スハルトは三〇年にわたって独裁体制を維持し、共産主義者を弾圧し続けた。被害者や遺族は報復を恐れて口を閉ざし、虐殺の加害者は現在も普通に市民生活を送っている。東南アジアで共産勢力が伸張することを恐れた西側諸国は、この虐殺に対して見て見ぬふりを続けてきた。そもそもの発端となったクーデター計画も含めて、アメリカ政府と中央情報局（ＣＩＡ）が一連の事件に大きく関与していた可能性は高い。

最近になって、ようやく被害者が声を上げ始めたが、ジョシュア・オッペンハイマー監督のドキュメンタリー映画『アクト・オブ・キリング』で被写体となった加害者たちには、反省や後悔の色はほとんど見られない。共産党は今もインドネシアでは非合法化されたままだ。

殺戮された人の総数は五〇万～一〇〇万人と推定される。

④一つの民族が殺しあい、人口が激減した国——カンボジアでのクメール・ルージュによる大量虐殺——

カンボジアでの虐殺については本書の冒頭でも触れたが、ここではさらに詳しく述べる。

サイゴンが陥落してベトナム戦争が終わった一九七五年、カンボジアではアメリカの支援を受けていたロン・ノル政権が崩壊し、原始的な共産主義の実現を目指すクメール・ルージュ（ポル・ポト派）が首都であるプノンペンを制圧した。

クメール・ルージュは首都で暮らしていた約二〇〇万人の人々を地方へ強制的に移住させ、貨幣を廃止し、宗教を禁止し、教育も必要ないとして学校を廃校にした。同派を支持する地方の人々を「旧人民」、都市から移住した人々を「新人民」と区分けし、新人民は迫害された。

日本では村くらいの規模にあたるサハコーという集団を全国各地に作り、男女別、年齢別で振りわけて生活させた。多くのサハコーでは、十代の子どもたちが構成員であるスパイ組織チュロープが作られ、仕事に消極的だったりクメール・ルージュに対して批判的だったりする大人や、かつて教師や僧侶や政治家だった人（つまり知識人）を探し出して、子どもたちは上層部に密告した。

プノンペンには、知識人やポル・ポト派の思想に反する人々を収容し、拷問し、殺す場所があった。S21という収容所だ。人々は「トゥール・スレン」と呼んだ。そこには約二万人が収容され、生き残ったのは八人のみ。現在は、トゥール・スレン虐殺犯罪博物館として公開され、収容された人々の写真や拷問の道具、独房の様子を見ることができる。

虐殺だけではなく、農業政策の失敗によってカンボジア全土で食糧が不足し、多くの人が飢えて死んだ。前述の通り、クメール・ルージュ政権下で殺害された人の数は、国連の推計では一五〇〇万人（餓死も含めて）となっている。

⑤民族の対立をラジオが煽る　――ルワンダでのフツ族によるツチ族虐殺――

ルワンダは、人口の八割を占める多数派のフツと一割強の少数派のツチ、そしてトゥワという三つの民族で構成されている。フツ族とツチ族は見た目では区別がつかず、同じ言葉を話し、同じ村に住んでいた。もとは同一の民族だが、植民地時代に宗主国だったベルギーが二つを分けた統治システムを行い、居住地域などを区分した。

一九九四年四月にフツ族のハビャリマナ大統領が暗殺されたことを契機に、ルワンダでほぼ唯一のメディアだったラジオがツチ族を「ゴキブリ」「毒ヘビ」などと激しくののしりながら「武器を取って家を出よう」「フツはツチによる攻撃から身を守るべきである」などとリスナーに呼びかけた。こうしてフツ族によるツチ族への大量虐殺が始まった。

老若男女を問わずツチ族の人々は殺害された。虐殺に加担しないフツ族は裏切り者として殺された。ツチ族の家は物品を略奪され、女性は強姦されたうえで最後に殺された。

このとき、鉈《なた》や包丁など日用品だけではなく、自動小銃《しょうじゅう》や手榴弾なども武器として使われたことから、フツ族が多数を占める当時のルワンダ政府や軍によって、虐殺が計画的に仕組まれていたとの見方もある。約一〇〇日のあいだに虐殺された人の数は、五〇万～一〇〇万人と見なされている。

加害者の本当の姿を知りたい

日本における朝鮮人虐殺は別として、比較的新しく、そして代表的な五つの虐殺を取り上げた。もちろん他にもたくさんある。

熱狂的な政治運動の帰結として一〇〇〇万から二〇〇〇万人に及ぶ国民が殺された中国の文化大革命（以下、文革）と、スターリンの指示によって一〇〇〇万人近くの人が犠牲となった旧ソ連の大粛清は、殺害された人の数では規模が圧倒的だ。オスマン帝国におけるアルメニア人虐殺は、一九世紀末と二〇世紀初頭の二度にわたって行われた。戦時には日本軍による南京事件が起きている。自国の軍隊が自国民を虐殺した韓国の済州島四・三事件は、冷戦構造に由来している。現在も続いているシリア内戦は、視点を変えれば政府軍による住民虐殺だ。

起きた時代も、場所も、殺された人数もバラバラだ。民族や宗教、イデオロギーの違いが虐殺の燃料になることは多いが、殺された人の数が圧倒的に多い文革やクメール・ルージュによる虐殺、そしてスターリンの大粛清はこれに当てはまらない。

でも何かが共通している。僕はそう感じている。いや、「感じている」のレベルではない。これらの悲劇には、確かに共通する何かがある。

虐殺事件の多くは、被害側のサバイバー、すなわち生き残った人の証言が軸になって語り継がれる。なぜなら被害を受けた側は、過酷な体験を決して忘れない。失った家族や友人の存在を忘れられるはずがない。

加害側は口を閉ざす。だって口を開けば責任が問われる。自分の関与について答えねばならない。そして何よりも、できることなら忘れたい。加害側にいる多くの人はそう思う。人は都合の悪い事実からは目を背《そむ》ける。なかったかのように振る舞う。そのうち実際に忘れてしまった人も少なくない。こうして加害の側の声は、夏の終わりのセミの声のように、少しずつか細く、そして小さくなる。

だからこそ僕たちは、加害側の声を聞かなければならない。集めなければならない。もちろん、そのすべてが信じられるわけではない。自分の責任を軽減するために証言に嘘を交える人は多い。忘れたふりをする人も少なくない。ならば注意深く吟味して選《え》りわける。

もちろん、何が正しくて何が誤っているかの判断はむずかしい。完全に腑分けするのは不可能だ。でも例えばアイヒマン裁判が、ホロコーストという巨大で理解不能な組織犯罪を解明するうえで極めて重要な補助線になったように、言葉以外にも声や話し方や振る舞いなど、多くの情報を加害側は提供する。白なら白で黒なら黒。人はそんな単純な生きものではない。嘘と真実は無意識の領域で常に入り混じっている。

『A』と『A2』は、地下鉄サリン事件以降のオウム真理教の現役信者たちを撮った映画だ。そして『A3』（集英社文庫）は、「麻原彰晃とは何者か」をテーマにしながら、適正な手続きから大きく逸脱した麻原法廷と、これを後押しした当時の世相やメディアに対する違和感を記述したノンフィクションだ。これら『A』シリーズはすべて、発表当時も今も、加害側であるオウムに加担したとか、オウムのPRに貢献したなどと、批判と罵倒を浴び続けている。

だからこそ実感している。社会は加害側の声を聞きたがらない。封殺しようとする。その帰結として小さな加害側の声はさらに小さくなる。本来なら小さな声を拾い上げることが重要な使命のはずのメディアも、社会からの批判を予期できるから積極的には取材しなくなる。組織メディアは営利企業だ。視聴率や部数などの売り上げは何よりも優先される。ならば社会の願望に沿わなければいけない。特にオウムの場合は、邪悪で冷血とか洗脳された危険な集団とか、悪のイメージを強調することで自分たちは安全地帯に身を置くことができる。しかもそのほうが視聴率や部数も上がる。

僕が撮った映画『A』にもしも価値があるならば、それは作品が持つ本質的な価値ではない。本来ならやるべきことをメインストリーム・メディアがやらなかったからこそ、『A』という存在が突出したのだ。つまり僕の力量はまったく関係ない。その価値はあくまで相対的だ。絶対的な価値ではない。それは自分でよくわかっている。この国がもっと自由でメディアが健全に機能していたのなら、『A』の価値はほぼ消える（ただし僕個人にとって『A』の価値は、人生の大きなターニングポイントとなったことも含めてとても大きい）。

テレビ・ドキュメンタリーとして撮り始めた『A』は、結果として自主制作映画になった。そして僕自身も、所属していた組織から排除されただけではなく、反社会的集団と見なされたオウムと社会との狭間《はざま》に立っていた。意図したことではないが、気がつけばどこにも帰属できなくなっていた。

オウムをめぐる僕のこの個人的な体験は、歴史に記された虐殺をめぐる思考がテーマになる（あなたが今読んでいる）この本と、「集団と個の相克」というキーワードで繋がっている。

被害者感情と取材の難しさ

二〇一五年、神戸連続児童殺傷事件の犯人である男性が、出所後に事件と自分を振り返る著作『絶歌』（太田出版）を「元少年A」の名前で刊行して、大きな話題になった。ただしポジティブな話題ではない。Amazonのレビューページでは四分の一が星一つで、多くの人は被害者遺族がこの本の出版を知らなかったことを理由に、遺族感情をさらに踏みにじるのかと激しく批判している。「本をバラバラに引きちぎり裁断し更にシュレッダーにかけました」「（著者は）死刑にされるべきだった」などの記述もある。

この本は僕も読んだ。いろいろ気になる点はある。妙に自己陶酔している記述が散見されることは確かだし、自己弁護の要素も濃厚だ。自分が犯した罪への向き合い方が足りないと思わせる個所もある。

遺族とは刊行する前まで手紙のやりとりをしていたようだから、できることなら刊行することを伝えたほうがよかったと僕も思う。さらに注文すれば、（刊行後に困難

な人生を送ることは充分に予測できるが）もしも「元少年Ａ」ではなく本名で発表し

ていれば、世間の風当たりはもう少し変わっていたかもしれない。

僕自身、これまで、特に『A』や『A2』、『A3』を発表する過程で、「遺族の思いを踏みにじるのか」式の批判はさんざんに受けている。だから決して他人事ではない。そのうえで思う。考える。

遺族の思いを尊重することは当然だ。遺族は傷ついている。苦しんでいる。そして、遺族は加害者を激しく憎悪するだけではなく、なぜ（被害者となった親族に）あのとき声をかけなかったのか、なぜ外出を止めなかったのか、などと自分を責める。想像するしかないけれど、それは地獄の苦しみだと思う。

だからこそ、遺族の傷をケアする。配慮する。できるだけ考慮する。その点にはまったく異存はない。

でも遺族の思いを理由にして加害側の声を封殺するならば、（極論すれば）ホロコーストは解明できなくなる。ユダヤ人への差別や迫害はナチス以前から全ヨーロッパで日常的に行われていた。戦争という非常時にありながら、なぜナチスはあれほどの費用と情熱をかけてユダヤ人を殺害し続けたのか。そのメカニズムがわからなくなる。強制収容所で殺戮されたユダヤ人の数は最大で約六〇〇万人。ということはそれ以上の数の遺族がいる。ホロコーストやナチス・ドイツに関する書籍や映画の数は膨大だ。ユダヤ人たちが殺戮されたガス室の記述や多数の痩せ細った遺体の映像を目にするたび、傷をさらに抉《えぐ》られるようだと感じる遺族やサバイバーは少なくないはずだ。

エノラ・ゲイ搭乗員一二人のうち最後の生存者だったセオドア・バン・カークは、「奪った命より多くの命を救った」と原爆投下の正当性を主張する自伝を生前に出版した。明らかに遺族の気持ちを逆なでしている。遺族が傷つかないはずはない。ならば加害者の一人である彼は沈黙すべきなのか。原爆を投下した当時のアメリカの論理を、マンハッタン計画におけるロバート・オッペンハイマーの野心と後悔を、広島と長崎への原爆投下はアメリカ本土でどのように報道され国民はどのように受け取ったのか、僕たちは知るべきではないのか。遺族への配慮は、歴史から目をそむける行為を正当化するのか、そもそもそれは本当に遺族を配慮することとなのか。

クメール・ルージュやルワンダとインドネシアの虐殺も、東京大空襲や沖縄の激しい地上戦にアメリカ同時多発テロも、遺族やサバイバーは今もたくさんいる。彼らへの配慮を理由に戦争や虐殺や事件における加害側の声を封殺するならば、ナチス親衛隊員のインタビューも収録されているドキュメンタリー映画『ショア』（クロード・ランズマン監督、一九八五年）はお蔵入りで、丸木《まるき》位里《いり》・俊《とし》が描いた「原爆の図」も残虐すぎて遺族を傷つけるとして、展示場から撤収しなければならない。水俣《みなまた》病のドキュメンタリー映画や写真も封印されねばならない。だって傷つく人は必ずいる。ならば歴史が年号だけになる。過ちの根源がわからなくなる。

さらに、日々のニュースで扱われるものはその半分以上が、殺人や火事や災害など、人の不幸に関係する事件や事故だ。

遺族は常にいる。娘を失ったばかりの親は、テレビのニュースでメディアが入手して晒《さら》す娘の写真を見るたびに、血を吐くほどの悲しみと怒りに襲われるはずだ。ならば遺族のために報道はやめるべきなのか。もちろんそんなことはできない。僕たちは世界で起きている悲劇を知らねばならない。知って過ちの理由やメカニズムを考えねばならない。そう思うからこそメディアも、歯を食いしばって報道し続けてきたはずだ(写真や名前を無自覚に晒すことは別の問題として考えねばならないが)。

メディアの仕事は、時として激しく人を加害する。これを完全に回避することはできない。僕の書籍や映画、あるいはテレビ作品も、間違いなく誰かを傷つけているはずだ。その自覚はある。とても後ろめたい。胸を張って表通りを歩けない。例えば『A』において、カメラの前で不当逮捕を実行した警察官と、もしも道を歩いていてばったり出くわしたなら、僕はこそこそと物陰に隠れるはずだ。

だって合わせる顔がない。あの映画を公開したことで、僕は明らかに彼を傷つけた。あるいは彼の家族を傷つけた。これは加害だ。だから後ろめたい。申し訳ないと思う。もしも彼が追いかけてくるならば、僕は申し訳ありませんと頭を下げる。でも「あのシーンをカットしろ」と言われたら、「それはできません」と答えるだけの覚悟はしている。

「被害者や遺族を傷つけるのか」「加害の側を利することがわからないのか」。『A』を発表して以降、僕はこうした声を継続的に浴びてきた。胸を張るつもりなどまったくないけれど、浴びた量は日本一多いかもしれない。ギネスで認定してもらえないかと時おり本気で思う。それらの声はとても大きい。そして強い。絶対に揺るがない。だから、いつも迷いながら揺れてばかりいる自分は不思議になる。

なぜ彼らは揺れないのだろう。迷わないのだろう。これほど居丈高《いたけだか》になれるのだろう。なぜこれほどに強く、自分たちの正義を信じることができるのだろう。

そして思う。これほどに自分の正しさを信じることができる人たちが、例えば領土や領海という概念に執着したとき、自分たちの政治思想や信仰が脅かされそうになったとき、自分や自分の愛するものを守らねばならないと高揚したとき、支持する為政者が銃をとれと鼓舞したとき……、きっと取り返しのつかない事態へと行軍を始めるのだろう。

とはいえ、虐殺に関しては、今並べた要素だけでは説明がつかないことが多い。土地の所有や民族や宗教やイデオロギーが理由になる場合もあるけれど、これらがない場合にも虐殺は起きる。明らかに別のファクターがある。それは何か。以降でもう一つのメカニズムを考察する。

8 集団と忖度

虐殺の核にあるもの

「私が彼を」でなく、「我々が彼らを」殺すとは?

加害の記憶は薄くなる。思い出したくないから。できることなら忘れたいから。そして人は、忘れたい過去を実際に(すべてではないが)忘れることができる。あるいは記憶を微妙に変える。修正する。さらには、自分自身が変えたことや修正したことを忘れてしまう。

加害の記憶を忘却するメカニズムはもう一つある。加害の渦中で思考は止まる。なぜなら戦争や虐殺に加担するとき、人は個人ではない。集団や組織の一部だ。自分自身を主語にしない。主語は組織や集団だ。だから個人的な体験を記憶できない。記憶を蓄積できない。

実的刺突を命じられたとき、尖った銃刀を捕虜の柔らかい腹に刺せない理由は、個の自分が残っているからだ。個の自分は人を殺せない。だから発想を変える。目の前の立ち木に縛られた捕虜は個ではなく、「中国人」という概念だ。「八路軍《はちろぐん》」という組織の一部だ。そしてこのとき兵士自身も、気づかないうちに個を捨てている。自分が個であるから敵を個と見なす。自分が集団の一部になれば、敵も集団の一部として見なすことができるようになる。

ならば刺せる。泣き叫んでいる彼の痛みや絶望を想像する力は停止している。ルワンダのラジオはフツ族のリスナーに対して、ツチ族をゴキブリや毒ヘビなどと形容した。彼らは人間ではない。不潔で危険な生きものだ。放っておくと害をなす。だから殺せる。死んだことを悲しむ家族の存在に思いを馳せることもない。だから柔らかい腹に銃刀を刺せる。存在を抹消できる。自分も同様だ。葛藤はない。後ろめたさもない。感情もない。だから殺せる。いやたぶんこのとき、自分は誰かを殺しているとの実感はない。

こうして人は全体の一部になり、目の前にいる全体の一部をためらいなく殺す。このときの主語は一人称単数の自分ではない。自分が所属する集団だ。対立する二つの集団が軍や国家、信仰や民族や言語など何らかの同質性を紐帯にするならば、その争いを人は戦争と呼ぶ。二つの集団のあいだに、数や力で圧倒的な差異があるならば、殺戮は虐殺と呼ばれる。

この二つに共通することは、主語が一人称単数の「私」や「僕」ではなく、一人称複数、あるいは代名詞に変わっていることだ。つまり「我々」。あるいは自分が帰属する組織が主語になっている。

大量虐殺の防止を目的とするNPOジェノサイド・ウオッチの創設者であるグレゴリー・スタントンは、良識ある人々が虐殺に手を染めるまでの過程を八段階で説明している。

①人々を「我々」と「彼ら」に二分する。
②「我々」と「彼ら」に「こちら側」「あちら側」に相当する名前を付与する。
③「彼ら」を人間ではない存在（例えば動物や害虫、病気など）に位置づける。
④自分たちを組織化する。
⑤「我々」と「彼ら」の間の交わりを断つ。
⑥攻撃に備える。
⑦「彼ら」を絶滅させる。
⑧証拠を隠蔽して事実を否定する。

このうち①と②は特に際立った現象ではない。僕たちは、普段からそうした日常を送っている。所属する会社、NPO、学校、地域共同体、「我々」とか「私たち」、そうした集団を主語にしてしまう。ならば述語が過激になる。在日外国人を「ゴキブリ」や「ウジ虫」などと呼称しながら「日本から叩きだせ」などと往来で叫び始めるヘイトスピーチは、まさしく③に該当する。このとき自分は一人ではない。必ず徒党を組んでいる。ネットがこの動きに拍車をかける。つまり④と⑤だ。ならば⑥から⑧はすぐ目の前だ。

虐殺は誰かの指示がなくても始まる

加害の側の声としては、いくつかのパターンがある。まずは全否定。次に都合の悪いことは忘れる。殺さなければ自分が殺されていた、彼らは自分たちの利益を侵害していた、などと自衛や正当防衛を主張する。あるいは、やったことは認めるが、それは誰かからの指示や強制だったと責任を転嫁する。

これらすべてが嘘だと言うつもりはない。本人が本気でそう思い込んでいる場合も決して少なくない。

およそ四五〇万年前に樹上から地上に降りてきたラミダス猿人など人類の祖先は、

四つ足に比べればエネルギー効率のよい直立二足歩行を始め、空いた手で道具を使い、脳が発達した。そして、ほぼ同じ時期、彼らは群れる生きものになった。なぜなら地上には天敵である大型肉食獣が多い。単独では食われてしまう。集団でいれば天敵も簡単には襲ってこないし、見張りを立てることもできる。

イワシやムクドリの群れが典型だが、群れは全体で同じ動きをする。てんでばらばらに動いていては、群れの意味を失う。全体で同じ動きをするために同調圧力が強くなる。イワシやムクドリなどは鋭敏な感覚で周囲の動きを察知するが、感覚が退化したホモサピエンス（人）は代わりに言葉を得た。

集団化が進むとき、人は言葉（指示）を求め始める。つまり強い政治リーダーの言葉だ。だからこそ世界レベルで集団化が進む今、独裁的な政治家たちが支持される傾向が強くなる。

ロシアのプーチンに中国の習近平《シーチンピン》、トルコのエルドアンにハンガリーのオルバーン・ヴィクトルやイタリアのジョルジャ・メローニ、もう退陣したけれどフィリピンのドゥテルテやブラジルのボルソナーロ、何といってもアメリカのトランプなど、一昔前なら独裁者と呼称されてもおかしくない人たちが、国民から強く支持されている。多くの人はこれを世界の右傾化と言うけれど、僕は集団化だと思う。その意味では、自分を支持しない人たちを「こんな人たち」と呼んだ日本の安倍晋三《あべしんぞう》元首相も、この系譜に入るだろう。彼らに共通するのは、自分を支持する集団に向けて強い指示を発するリーダーであるということだ。

でもリーダーはいつも身近にいない。指示が欲しいときに指示が聞こえない。ならばどうするか。リーダーはきっとこれを望んでいる、と想像する。そして、それを実行する。これが忖度《そんたく》だ。なぜ今の日本で、この忖度という営為が前面に出てきたのか。集団化を前提に考えれば腑に落ちる。

集団が大きな過ちを犯すとき、この忖度は重要な要素として機能する。戦艦大和《やまと》が片道分の燃料しか積まずに出撃して米軍機の攻撃で沈没した理由は、及川古志郎《おいかわこしろう》海軍軍令部総長が昭和天皇から「海軍にはもう艦《ふね》はないのか。水上部隊はないのか」という主旨の発言を聞いたことが要因だ。この直前に航空機による特攻の報告をしていた及川は、海軍は残った艦で出撃しないのか、と催促されたのだと解釈して、大和特攻を決意したと言われている（栗原俊雄《くりはらとしお》『戦艦大和』岩波新書より）。

昭和天皇が本当にそんな思惑で質問したのかどうか、それはもう誰にもわからない。いずれにせよ、こうして集団は過ちを犯す。

大和とともに海に沈んだ兵士の数は二七四〇名（生存者二七〇名前後）。一九四五年四月九日の朝日新聞（東京版）は一面で、「沖縄周辺の敵中へ突撃／戦艦始め空水全軍特攻隊」と報道したが、大和の名前も詳細も明らかにされることはなかった。もしも当時の新聞がメディアとしてもっと健全に機能していたならば、本土決戦とか鬼畜米英を迎え撃てなどと高揚するばかりの世相は変わっていたかもしれない。

集団化する過程で人は過ちを犯す。そして、何が過ちなのかもわからなくなる。アメリカの心理学者であるアーヴィング・ジャニスは、人が集団になったときに不合理で危険な意思決定が容認されることが多くなる現象を集団思考（groupthink）と命名した。その政治的な事例としてジャニスは、日本から真珠湾を奇襲される可能性を過小評価していた米海陸軍首脳部、朝鮮戦争の際に中国が参戦する可能性を十分には検討しなかったトルーマン政権、ベトナム戦争をいたずらに拡大したジョンソン政権、ウォーターゲート事件が政権に与えるダメージとリスクへの認識が欠如していたニクソン政権などを挙げながら、集団の心理的傾向をモデル化した。近年でも米国上院の諜報委員会は、大量破壊兵器の存在を前提にしたイラク戦争前の情報収集や分析活動の失敗を、ブッシュ政権の集団思考によるものと結論づけている。

ジャニスはアメリカの政権をキーワードに事例を重ねたが、権力の中枢において意思決定が不合理になる現象は、ヒトラー政権やクメール・ルージュのオンカー（組織機構）、文革時の中国共産党、大日本帝国の大本営や御前会議などを例に挙げるまでもなく、世界に共通している。さらに、これは国レベルだけに限定される現象でもない。組織である限り、集団思考（最近では集団浅慮と訳すことが多くなった）は常に起こる。

オウムはなぜサリンを撒いたのか。この理由とメカニズムを考察するうえでも、集団思考と忖度は重要なキーワードだ。ただし、オウムの場合の忖度は一方向ではなく、麻原と側近たちの相互忖度だ。麻原は麻原で、どう言えば弟子たちが喜ぶかを考える。そして（麻原の目が見えないことで）メディアとなった弟子たちは、どんな情報が求められているかを考える。

ここで「考える」という述語を僕は使ったけれど、特に弟子たちの場合は、きちんと主語が確立された述語ではない。無意識の領域で考えている。ほぼ反射に近いという言い方もできるかもしれない。そこに忖度という願望が重なる。

その帰結として論理や合理性が消える。陰謀史観が真実に見えてきて、これをしたらあれになるという予測ができなくなる。だから普通ならばありえないことが起きる。サリン事件当時のオウムは絶頂期だ。信者数は急激に増えていた。麻原に対しても、多くの知識人たちが、宗教家として一目を置きながら接していた。

ところがオウムはサリンを散布した。多くの人を殺害しようとした。それを指示した麻原は何を考えていたのか。何が目的だったのか。特にオウムの場合は、死と生を倒置する宗教的な要因も事件の背景に働いていた。そこに集団のメカニズムが重なる。個が消える。こうして人は善良で優しいままで人を大量に殺す。

群れる生きものであるかぎり、同調圧力をゼロにすることは不可能だ。そして周囲の動きやリーダーの意図に同調するために忖度は欠かせない。

ナチスのホロコーストも日本の連合赤軍もカンボジアのクメール・ルージュもスターリンの大粛清も、この大きな過ちの内燃機関に、同調圧力と忖度というメカニズムは常に働いている。

アウシュビッツ強制収容所を訪ねて

広大な敷地内を歩きながら、眼にする膨大な被虐の展示に、僕はひたすら圧倒されていた。輸送されてきたユダヤ人たちが手にしていたスーツケースや靴や眼鏡。子どもたちの玩具や服。ガス室に送り込まれる前に切られた女たちの髪。彼らを殺害した毒ガス「チクロンB」が充填されていた空き缶の山。

これらの物量が半端ではない。例えば女たちの髪は、大きなガラスの向こう側のスペースにうず高く積まれている。何千（もしかしたら何万）人分のボリュームだ。靴や鞄の量もすさまじい。だから歩きながら考える。なぜこれほど多くの人を殺さねばならなかったのか。なぜユダヤ人を地球から抹殺するなどと思いつき、しかもそれを実行しようとしたのか。

死の天使と呼ばれたヨーゼフ・メンゲレ医師によって、毎日のように生体実験が繰り返された手術室も見た。収容された人々が最後に押し込められたコンクリートのガス室の中にも入った。

広大な敷地と施設内で、見つめたり歩いたり立ち止まったり肩で息をついたりを繰り返しながら、少しずつ息苦しくなってくる。気がつけば吐息ばかりをついている。でもこの場で深呼吸はしたくない。酸欠になりそうだ。ここにあるのは圧倒的な無慈悲さであり、ありえないほどの不条理だ。

多くのユダヤ人が銃で処刑された「死の壁」では、壁に掲示された数枚の素描のイラストで、当時の処刑の様子が再現されている。その横には、「収容されていたユダヤ人男性が、監視の目を盗んで描いたスケッチである」との説明が添えられていた。

イラストには、たった今銃殺されたユダヤ人の遺体を囲むSS（ナチス親衛隊）の将校たちが描かれている。幹部クラスは葉巻をくわえたり笑ったりしている。他には、ガス室送りを意味する指のサインを出している将校のスケッチもあった。その雰囲気が本当に憎々しい。まるで悪魔の化身のごとく描かれている。

僕はイラストを凝視し続ける。施設内を歩きながらずっと燻《くすぶ》っていた違和感が、ようやく形になりかけていた。

殺される側のユダヤ人には、SSの将校は悪魔のように見えて当然だ。でもそれは普遍化できない。当時のナチスの軍人たちがみな、血に飢えた残虐な男たちだったわけではない。その多くは家に帰れば、良き夫であり良き父だったはずだ。

アウシュビッツ強制収容所の所長を務めていたルドルフ・ヘスは、子煩悩で妻思いの男だった。本国ドイツから家族を呼び寄せて、収容所敷地のすぐ近くに建てた家で仲睦まじく暮らしていた。空いた時間には子どもたちに勉強を教え、庭では妻と家庭菜園をやっていた。

しかし、そこから徒歩で数分の場所にはガス室があって、多くのユダヤ人が毎日悶えながら死んでいった。良き夫であり良き父であるヘスは、ユダヤ人の側から見れば、これ以上ないほどに邪悪な悪魔でありモンスターだ。

いつも微笑を絶やさなかった死の天使ヨーゼフ・メンゲレ医師は、収容されたユダヤ人の多くを生体実験の材料にした。収容者を加圧室に置いて死ぬまで圧力を加えたり、有害物質や病原菌を注射したり、血液を大量に抜いて熱湯に漬けたり、麻酔なしで生きたまま解剖したりした。双子の子どもの背中同士を合わせて静脈を縫い合わせて「結合双生児」を作ることを試みたりもしている。何がしたかったのか。理由と目的がわからない。まさに狂気だ。

一方でメンゲレは、なぜか収容されたユダヤの子どもたちに人気があり、時には子どもたちをドライブに誘っていたという。

政治哲学者のハンナ・アレントが「凡庸な悪」と表現したアドルフ・アイヒマンも含めて、彼らのほとんどは、少なくとも日常的には凶暴ではない。残忍でもない。だが彼らによって、多くのユダヤ人が無慈悲に殺されたことも事実だ。

事実と事実が相反する。軋《きし》みあう。何万人もの人が苦しみ悶えながら死んでいったガス室から外へと続く通路を歩きながら、僕はやっぱり吐息をつくばかりだ。人はなぜこれほどに残虐になれるのか。なぜ優しいままに、多くの人を殺せるのか。

第二次世界大戦終了後、明らかにされたホロコーストの実態にヨーロッパは震撼し、そして萎縮した。なぜなら（ホロコーストほど大規模で組織的ではないにせよ）ナザレのイエスを殺害したユダヤ人を差別し迫害してきた歴史は、ヨーロッパ全土(正確にはキリスト教文化圏)も共有しているからだ(補足するがイエスもユダヤ人だ)。

同時にこのとき、世界中に散らばっていたユダヤ人は、シオン(今のエルサレム)を目指して移動し始めていた。イスラエルの地(パレスチナ)に自分たちの故郷を再建しようとの運動だ。彼らの多くはホロコーストの被害者遺族だ。家族や友人や知人の誰かが殺されている。

だからこそ自衛の意識が強い。自分たちの安全を最優先する。アラブ人との共存はできない。そう考えたユダヤ人は、イスラエルの地に長く暮らしていたパレスチナの民の土地を、無慈悲な圧力と暴力で奪おうとした。

国連が仲裁に入る。でも主要メンバーであるヨーロッパ各国は萎縮している。特にイギリスは自らの三枚舌外交によってこの事態を招いたから、そしてアメリカも自国内に多くのユダヤ人が居住していて経済に大きな影響力を持っているから、イスラエルの強引な国土建設計画に対して、強い異議を唱えることができない。

パレスチナの民と同じくイスラム教を信仰するアラブ世界は、この状況に対してあまりにアンフェアだと怒る。こうして一九四八年から七三年にかけて四度にわたる中東戦争が起きるが、アメリカから武器や資金の援助を受けるイスラエルの軍事力は圧倒的だ。戦うたびにアラブは蹴散らされる。アラブの側のイスラエルへの恨みはアメリカへの憎悪と重複し、アメリカ同時多発テロへとつながる。

故郷を奪われたパレスチナの民は、ヨルダン川西岸とガザ地区に押し込められ、あるいは国外に追い出され、まさしく（かつてのユダヤの民と同じように）流浪《るろう》の民《たみ》となった。この過程でイスラエル兵士によるパレスチナの民への大規模な虐殺（ナクバ）が行われたことも、今では明らかになっている。

こうして加害と被害はメビウスの輪のように表と裏を反転させながら連鎖する。イスラエル建国から七〇年以上が経過し、イエス処刑から二〇〇〇年以上が過ぎるのに、イスラエル・パレスチナ問題は今もまったく解決できる兆しがない。

9 善良な人々が虐殺の歯車になるとき

一人ひとりはみな優しい

二作目の映画『A2』を発表してから数年後、裁判中のオウム幹部たちに面会するために僕は拘置所に通い、六人の信者と手紙のやりとりを始めた。彼らはみな死刑囚だ。世間的には凶悪で冷血な人たちと思われている。

しかし、印象は『A』や『A2』で会った他の信者たちと変わらない。普通以上に穏やかで、礼儀正しく、優しい人たちだ。もちろん個人差はある。寡黙な人もいれば、よくしゃべって人懐《ひとなつ》っこい人もいる。

面会回数がいちばん多かったのは、地下鉄サリン事件の実行犯でメディアから「殺人マシン」などと呼ばれた林泰男《はやしやすお》だった。ほぼ同世代ということもあって、いつのまにか互いにタメ口で会話するようになっていた。

彼の母親と二人で並んで面会したことがある。話しながらすぐ涙ぐむ母親を、林は必死に慰めていた。死刑が確定した直後に面会したとき、いつもはジャージ姿なのに背広を着ていた。「どうしたの」と思わず訊ねれば、「たぶん森さんと会えるのは今日が最後だから」と微笑みながら林は答えた。

もっとも多くの事件に関与してオウムの狂暴さの代名詞のような存在だった新実智《にいみとも》光《みつ》は、とても礼儀正しい男だった。面会のたびに深々と礼をしてくれる。麻原への信仰は、少なくとも僕が面会していた時期には揺らいでいなかった。でもそれは敢えて口にしない。そして決して人を悪く言わない。ときおり口角がくっきりと上がる。とても魅力的な笑顔だ。

いちばん最初に面会した岡崎一明《おかさきかずあき》は、とても庶民的なキャラクターだ。いつも作務《さむ》衣《え》を着ている。拘置所で描いた墨絵を何枚も送ってきてくれた。雰囲気はひょうひょうとしている。しかし、幼い頃に別れた実の父母の話になると、何となく涙目になる。

拘置所で子どもたちのために数学の参考書作りをしていた広瀬健一《ひろせけんいち》は、とても真面目な男だった。めったに冗談も言わない。とても寡黙だ。事件のときには、この行為が世界を救済するのだと、必死に自分に言い聞かせていたという。

オウム死刑囚の中で最年長の早川紀代秀《はやかわきよひで》は甘党で、お菓子などを差し入れするととても喜ぶ。手紙に「森さんの差し入れのせいで、すっかり太ってしまいました」などと書くような茶目っ気もある。

麻原の専属医としてもっともそばにいたとされる中川智正《なかがわともまさ》は、優しさと善意が服を着ているような男だった。そして、繊細な人柄だ。彼の要望で差し入れはいつも拘置所の売店に売っているゆで卵。犯行前の麻原やオウム内部の様子を、彼はいろいろ教えてくれた。

彼らの死刑が確定するまで（死刑確定後は交通権を制限され、面会や手紙のやりとりができなくなる）、僕は拘置所に通い続け、手紙のやりとりを続けた。彼らが僕に与えてくれた視点（加害側の声）は、のちに『Ａ３』という書籍でオウムについて書くときに大きな示唆となった。

二〇一八年七月、オウムの死刑囚一三人が処刑された。彼らはもう存在しない。この世界から消えた。時おり面会時の笑顔や声を思い出す。彼らは悔やんでいた。罪の重さを考えれば処刑されて当然だと言っていた。

一人ひとりは優しい。穏やかで善良だ。でも彼らが多くの人の殺害に加担したことも確かなのだ。だから面会室で話しながらときおり混乱する。わからなくなる。カンボジアのＳ21やキリング・フィールドを歩きながら、ポーランドのアウシュビッツ強制収容所で展示を見つめながら、何度も同じ思いに捉われる。

人はなぜこれほど残虐になれるのか。冷血になれるのか。なぜこのような状況が、民族や宗教や時代を超えて、何度も何度も繰り返されるのか。

戦争が起きれば兵士たちは殺し合う。だが彼らは、戦争が起きる前までは、普通の人たちであるはずだ。

関東大震災の直後に朝鮮人を虐殺した男たちの多くは、村の自警団のメンバーたちだ。どちらかといえば責任感の強い男たちだっただろう。命の大切さも知っているはずだ。それなのに徒党を組んで、彼らは朝鮮人狩りに熱中した。

ホロコーストにクメール・ルージュ。文化大革命にスターリンの大粛清。光州事件に南京虐殺。そしてオウムによる地下鉄サリン事件やイスラム国（以下、ＩＳ）のテロ。……時代も場所もバラバラだ。信仰や民族もケースごとに違う。とはいえ、きっと何かが共通している。少なくとも一つだけ確かなことがある。

これらの事例はすべて、人間が起こした、ということだ。

ならば、人間が起こした虐殺に共通するメカニズムは何か。駆動力は何か。普遍性はどこにあるのか。

凡庸な悪としてのアイヒマン

ホロコーストを解明するうえで、のちの世のキーパーソンになったアドルフ・アイヒマンは、一九〇六年三月一九日にドイツ帝国ゾーリンゲンに生まれている。父は電機会社の簿記係で、一家の信仰はプロテスタント。ドイツでは標準的な家庭だった。

成人したアイヒマンはしばらく会社勤めをするが、大恐慌による不況の煽りを食らって解雇される。その後、オーストリア・ナチ党（国家社会主義ドイツ労働者党）に兵士として入党する。

しかし、軍隊生活や訓練にはうまく適応できなかったらしく、治安・諜報活動を統括していた親衛隊に応募して採用される。この頃から彼は、記録や整理など実務的な仕事に才能を発揮し、数カ月でユダヤ人担当課へ異動の内示を受け、ユダヤ人問題に携わることとなる。

この時期のアイヒマンは、ドイツ在住のユダヤ人をパレスチナ（当時は英国委任統治領）へ移住させる計画に関心を持っていた。実際にパレスチナへ視察のために行こうとしたこともあったようだ。

つまりこの時点では、少なくともユダヤ人を虐殺するとか民族を浄化するなどの発想は、まったく持っていなかった。

やがて親衛隊少尉に昇進したアイヒマンは、「ユダヤ人問題の専門家」としてオーストリアのウィーンへ派遣され、「ユダヤ人移民局」を起こし、オーストリア在住ユダヤ人の移住計画に取り組んだ。

優秀な実務家としての評価はさらに上がり、プラハを経てベルリンに勤務する頃には、ドイツ占領地のユダヤ人移住局を統括する立場となっていた。この時期にアイヒマンは、マダガスカル島へユダヤ人を移住させる計画（マダガスカル計画）を立案している。

しかしこの時期、本人の証言によれば親衛隊中佐に昇格する少し前、直属の上司だったラインハルト・ハイドリヒやハインリヒ・ミュラーなどから、アイヒマンはユダヤ人絶滅計画に加担するように命じられた。

そして、一九四二年一月二〇日、関係各省庁の次官級担当者が集合したヴァンゼー会議に議事録作成担当として出席し、ユダヤ人を収容所へ移送して絶滅させる「ユダヤ人問題の最終解決」政策の決定に関与した。

しかし、アイヒマン本人はこの会議で一言も発言しておらず、タイピストとともにテーブルの隅に座っていただけだと証言している。この会議の後にアイヒマンは、ヨーロッパ各地からポーランドの絶滅収容所へユダヤ人を列車輸送する職務の最高責任者に昇進した。彼の指示のもと、多くのユダヤ人がアウシュビッツなど絶滅収容所に輸送された。そしてもちろんアイヒマンは、彼らにどんな運命が待ち受けているかを知っていた。

ドイツ敗戦後、アイヒマンは国内に数年間潜伏してから、アルゼンチンに船で逃亡した。ブエノスアイレスでリカルド・クレメントと名乗りながら、妻と三人の息子を呼び寄せて、裕福ではないが上辺は穏やかな生活を送っていた。

だが一九六〇年、クレメントを密かに尾行していたイスラエルの諜報機関モサドの工作員たちは、彼が妻のために花屋で花束を購入したことを知り、クレメントをアイヒマンだと確信した。なぜならその日は、アイヒマン夫婦の結婚記念日と一致していたからだ。

工作員たちに拘束されたアイヒマンは、非合法な手段でイスラエルまで連行された（この件でアルゼンチンは、イスラエルに対して主権侵害だとして抗議している）。アイヒマン拘束は世界的なニュースとなった。初公判は一九六一年四月一一日、イスラエルのエルサレムで行われた。テレビカメラも複数置かれ、全米三大ネットワークを含めて三七カ国でテレビ放映された。まさしく世界が注目する法廷だった。

しかし、入廷するアイヒマンの外見に、多くの人々は衝撃を受けた。度の強そうな眼鏡に禿げ上がった前頭部。地味なスーツとネクタイ姿のアイヒマンは、ふてぶてしい悪の権化というよりも、ほとんど小市民的であり、中小企業か役所の中間管理職のような雰囲気だった。

このときの法廷は、エルサレム市内の劇場に特設されていた。被告席はステージ上にあり、傍聴席は観客席でもあった。そこに座る多くの市民やメディア関係者、テレビ画面を見つめている人たちの多くは、裁判所の職員が間違って入ってきたのかもしれないと最初は考えた。

しかし男は周囲の警察官たちに誘導されながら、法廷の隅に設置されたガラスの小箱に入れられた。そこが被告席だ。ならばアイヒマンに違いない。次に誰もが思う。あれは演技なのだと。騙されるものか。邪悪で狂暴だからこそ、これほどにおぞましい計画を遂行できたのだ。普通の男ではないからこそ、あれほどの悪事を為すことができたのだ。

傍聴席には、この時点ではアメリカに亡命していたドイツ系ユダヤ人で哲学者のハンナ・アレントがいた。彼女もまた、残虐なホロコーストを管理運営したナチス幹部の一人であるアイヒマンの印象があまりに小市民的であることに、大きな衝撃を受けていた。

しかも法廷のアイヒマンは、なぜこれほどに残虐なことができたのかなどの質問に対して、「命令されたから」と繰り返すばかりだった。悪辣さはどこにもない。でも凡庸過ぎる彼が、数百万人の殺戮に加担し、ホロコーストを遂行するキーパーソンの一人であったことも事実だ。

傍聴後にアレントが書いた『エルサレムのアイヒマン』（大久保《おおくぼ》和郎《かずお》訳、みすず書房）については、サブタイトルの「悪の陳腐さについての報告」が、的確にその内容を物語っている（矮小さを強調する陳腐よりも、凡庸のほうが言葉としては適当だと僕は思うが）。

エルサレム市内の劇場に法廷が特設された理由は、少しでも多くの人に裁判を傍聴させ、世界に見せるためだった。「世紀のショー」を政治的に利用しようとするイスラエル国家のこのプレゼンスに対して違和感を抱きながら、アレントは以下のように主張する。

殺人犯が訴追されるのは共同社会の法を破ったからであって、(中略)国家に雇われた大量殺人者が訴追されねばならぬのも、人類の秩序を破ったからであって、数百万の人々を殺したからではない。(『エルサレムのアイヒマン(新版)』三七五頁)

法廷の場でアイヒマンが訴追される理由は人の命を奪ったからではなく、法や秩序を破ったからなのだとまずは宣言したうえで、たとえアイヒマンが組織の歯車であったとしても、それを理由に免罪されてはならないのだとアレントは主張した。しかしナチスドイツ政権下のドイツにおいては、アイヒマンは違法行為を犯していない。法を根拠に断罪することはできない。だからこそアレントは論旨を拡大する。

そしてまさに、ユダヤ民族および他のいくつかの国の民族とともにこの地球上に生きることを望まない――あたかも君と君の上司が、この世界に誰が住み誰が住んではならないかを決定する権利を持っているかのように――政策を君が支持し実行したからこそ、何ぴとからも、すなわち人類に属する何ものからも、君とともにこの地球上に生きたいと願うことは期待し得ないとわれわれは思う。これが君が絞首されねばならぬ理由、しかもその唯一の理由である。(前掲書、三八四頁)

アレントが（アイヒマンが絞首されねばならない）「その唯一の理由」としたことは、「多くの人の殺害に関与したから」ではなく、ましてや（最近の日本の裁判官が判決理由で述べるような）「残虐このうえなく」とか「あまりに身勝手過ぎ」とか「更生の可能性もなく」でもなく、法と秩序を破壊して、世界に住むべき人を選択できると思いこんだナチスという政治体系に従属して指示に従ったことである。

アイヒマンの立場になれば誰もがアイヒマンになりえたことを認めながら、そのうえで絞首することを肯定すべきなのだと、アレントは主張した。裁かれるべきはアイヒマンの特異性ではなく、実務能力に長けた官僚としてのアイヒマンの凡庸さなのだ。でもならば、この裁判が本当の意味を持つためには、アイヒマンと（おそらくはヒトラーも含めての）他のナチス幹部たちのほとんどが凡庸な存在であることを、多くの人が認識することが前提だ。

彼らは悪ではない。良き人でもある。しかし、行為は絶対的な悪だ。それを命じる組織に帰属したことが罪だ。ただし裁かれて処罰される彼らは、裁く側の私たちでもある。その認識を持ったうえで歯を食いしばりながら、有罪を宣告せねばならないのだ。

アレントの主張を、僕はこのように解釈する。とはいえ、『エルサレムのアイヒマン』刊行後のアレントは、収容所では多くのユダヤ人が殺戮に加担していたと記述したこともあって、同胞であるユダヤ人たちから「アイヒマンの免罪を主張している」「ナチズムを擁護している」などと激しく批判された。

ちなみに収容所で多くのユダヤ人がゾンダーコマンド（ドイツ語で特殊部隊を意味する）と呼ばれながら、殺戮に加担していたことは、今では事実であったことが明らかになっている。

一九六一年一二月一五日、裁判所はアイヒマンに死刑判決を下し、翌一九六二年六月一日未明に絞首刑が行われた。死刑を廃止しているイスラエルとしては、唯一の例外としての死刑執行だ。遺体はすぐに焼却され、遺灰は地中海に撒いたと司法当局は説明した。

イスラエル警察の取り調べの際に、アイヒマンは「私の罪は従順だったことだ」という言葉を残している。

人は何に服従するのか

アイヒマン裁判から二年が過ぎた一九六三年、アメリカのイェール大学で教鞭をとりながら心理学を研究していたスタンレー・ミルグラムは、ある心理実験を行った。まずは一般市民に参加を呼びかけ、集まった市民たちに、これから記憶と学習に関する実験を行うとミルグラムは説明した。別室には電極を取り付けられたイェール大学の学生がいた。

参加者たちは、設問に対して学生が間違った回答をした場合には電気ショックを与えることを命じられた。学生は椅子に拘束されている。その電極に繋がるレバーを押す参加者の部屋にはスピーカーが設置されていて、学生の苦痛を訴える声が聞こえるようになっていた。

ただし、実際には電気は流れていない。学生の苦痛は演技なのだ。苦悶の声は事前に録音されていた。つまり（言ってみれば）、社会心理学的なドッキリ実験だ。ミルグラムも含めて実験前の研究者たちは、大半の参加者は途中で実験を放棄するだろうと予想していた。

ところが、結果は誰も予想しないものとなった。学生の「死んでしまう」とか「やめてください」などの悲鳴や絶叫を聞きながら、他の参加者はきちんと任務をこなしていると説明を受けていた市民たちは、横に座る教授という「権威」に促されるままにレバーを押し続け、最終的には参加者四〇人中二六人（六五％）が、最大の電圧である四五〇ボルト（心臓が停止する可能性がある数値で、そのことは事前に説明されていた）まで電圧を上げ続けた。

この心理実験は、ナチスによるホロコーストのメカニズムを検証する実験でもあった。だからミルグラム実験という呼称以外に、アドルフ・アイヒマンの名を取って「アイヒマン・テスト」と呼ばれることもある。

ミルグラムは、「Behavioral study of obedience」（服従の行動研究）というタイトルでこの実験の成果を発表する（邦訳は『服従の心理』山形浩生《やまがたひろお》訳、河出文庫）。ところが、人は条件さえ揃えばアイヒマンと同じ行動をするとの実験結果に対し、多くの人は激しく嫌悪感を示し、アメリカ心理学会はミルグラムの入会申し込みを拒絶した。

一九七一年、アメリカのスタンフォード大学心理学部の地下実験室を改造した模擬刑務所で、看守役と受刑者役に分けられた一二人ずつの大学生が、どのようにその役割を演じるかの実験が行われた。ドッキリ的な要素はない。大学生たちはみな、ロールプレイングだということは知っている。実験の期間は二週間と設定されていた。

しかし、実験は六日で中止された。看守役の大学生による受刑者役の大学生への暴行が激しくなり、相当に危険な状態になったからだ。この実験は、二〇〇一年に『es』（オリヴァー・ヒルシュビーゲル監督）のタイトルで映画化されている。

この実験は、いわばミルグラム実験の正当性を追認する実験でもあった。しかし、つい最近、実験の際に受刑者役を演じた学生が自分は演技をしていたと証言し、その後の追試で劇的な結果を出していないこともあって、この実験の結果についての評価は揺らいでいる。

ただしミルグラム実験は、この半世紀のあいだに世界の多くの研究機関や大学で追試が行われ、充分に証明されている。むしろオリジナルのミルグラム実験よりも、高い数値を出している追試が少なくない。

二〇〇九年にフランスの公共放送局が、対戦相手が質問に答えられなかったら身体に電流を流すという新しいクイズ番組のテスト収録を実施した。参加者は公募で集めた八〇人の市民たちだ。これも実験だった。市民たちの対戦相手に選ばれた男はテレビ局が用意した俳優で、苦しむ演技をすることになっていた。つまりミルグラム実験のテレビ版だ。

この実験でも市民の多くは、司会者という権威に従属し、観客という場の圧力に押され、結果としてはミルグラム実験を上回る八一％の人たちが、最高値の四五〇ボルトまでレバーを押し続けた。この顛末は、ドキュメンタリーとしてフランスの公共放送局で放送され、大きな社会問題になった。

そして、二〇一七年三月、学術誌「Social Psychological and Personality Science」に掲載されたポーランドの研究機関の実験研究では、被験者となった一八〜六九歳までの八〇人（男性四〇人、女性四〇人）のうち、九〇％（八〇人中七二人）が電気ショックのボタンを最後まで押し続けた。ちなみに続行拒否を決意した八人のうち、男性は二人だけだった。

見えぬ命令系統

これらの心理実験は、かつてのアイヒマンのように結婚記念日に妻を喜ばせようと花を買う普通の男が、一定の環境に置かれたとき、明らかに人を殺める可能性があると推定される指示にさえ、簡単に従ってしまう傾向があることを示している。

その際のキーワードは、決して洗脳やマインドコントロールなど仰々しい語彙ではなく、権威からの指示と、集団における同調圧力だ。環境や因子さえ整うならば、誰もがナチス兵士や親衛隊員になりうるのだ。

ナチス最後の戦犯と呼ばれたアイヒマンの裁判を傍聴したアレントは、アイヒマンを「凡庸な悪」と呼びながら、「ナチは私たち自身のように人間である」とも主張した（そこが激しく批判されたわけだが）。

ホロコースト研究の第一人者で政治学者でもあるラウル・ヒルバーグは、そもそも完成されたユダヤ人絶滅計画など存在せず、特定の機関や特定の予算などがないままに、軍や官僚などの権力機構が相互に作用し続けた帰結として、ホロコーストは始まったと主張している。

そして僕もオウム真理教の善良な信者たちが地下鉄にサリンを散布した理由とメカニズムについて、周到な日本転覆計画などは存在せず、教祖である麻原と側近たちの相互作用と相互忖度、さらに麻原の目が見えないことで促進された弟子たちのメディア化、生と死の価値を時として倒置する信仰の危険性、などを『Ａ３』で挙げた。

この思いは、今もまったく変わっていない。

普通の人が人を殺す。優しいままで。善良なままで。理由は何か。

人は弱い。場の雰囲気に流される。権威に従属する。集団の圧力に負ける。個を失う。その集積として大きな間違いを起こす。そうした加虐の構造とメカニズムを、科学的で実証的なメタファーとしてミルグラム実験は明示する。

クメール・ルージュによって行われた虐殺などの重大な犯罪について、党中央の指導者や責任者を裁くことを目的としたカンボジア特別法廷は、二〇〇一年から審議が始められた。しかし、中心人物であるポル・ポトは一九九八年に死亡している。

その時点で生存していた五人のクメール・ルージュの最高幹部は起訴されたが、イエン・サリは公判中に死亡し、その妻であるイエン・チリトは認知症のため裁判は中止され、二〇一九年に死去している。残りの幹部三人はすべて終身刑が下されたが（カンボジアは死刑を廃止している）、ヌアン・チアとS21所長だったカン・ケク・イウは、それぞれ二〇一九年と二〇二〇年に逝去して、現時点で存命しているのは九一歳になるキュー・サムファンだけだ。

法廷でカン・ケク・イウは虐殺の理由を、「組織上層部の命令に従った結果だ」と証言した。だが党中央にいたイエン・サリやキュー・サムファンらは法廷で、「拷問しろなどと命令した覚えはない」「トゥール・スレン（S21）など知らない」などと反論している。

まさしくアイヒマン法廷と同じ状況だ。末端は命令に従っただけと言い、中枢は命令などしていないと言う。どちらが嘘をついているのか。たぶんどちらも嘘をついているとの意識はない。両者の間にあるのは過剰な忖度であり、集団内の同調圧力であり、虚と実は融解している。分けるラインはない。グラデーションなのだ。

ただしその帰結として多くの人が無慈悲に殺されたことは紛れもない事実だ。そしてこれは、S21やホロコーストだけではなく、大日本帝国陸軍参謀本部やオウムの犯罪についても、まるでシンクロしたように起きた現象だ。

明確な理由やメカニズムはわからない。しかし、こうした悲劇や惨劇が常に、組織内の多くの人の過剰な忖度、思考停止、そして同調圧力などが要因となって起きたことだけはわかる。アウシュビッツやS21の存在と展示は、その端的な実例を、後世の人々に具体的に示している。

純粋さゆえの残虐さ

ホロコーストの残虐さと悲惨さを記憶して展示する施設は、ポーランドのアウシュビッツ収容所以外にも、世界中にたくさんある。

ドイツ国内にあるザクセンハウゼン強制収容所やダッハウ強制収容所、そして福島県白河市にあるアウシュビッツ平和博物館には、僕もかつて足を運んだ。

ベルリン市内のデンクマールには、殺害されたユダヤ人を慰霊する大規模な施設が二〇〇五年に建立されているし、ザクセンハウゼンやダッハウ以外にも、ホロコーストの慰霊碑や展示施設はドイツ国内に無数にある。多くの人が世界各国から訪れる。多くの人がナチスの過ちを胸に刻む。ヒトラーやホロコーストの映画も多い。特に近年は増えている。

でも施設に足を運んだり映画を観たりした人たちが、ドイツ国民は何と冷血なのだろうと思うだろうか。あるいはS21やキリングフィールドを訪ねた人たちが、カンボジア国民は恥知らずだと思うだろうか。そもそもこれらの施設のほとんどは国立だ。

ならば世界各国から来た観光客がダッハウ強制収容所やキリングフィールドを訪れて惨劇を知ることは、ドイツやカンボジアの国益を損うことと同義なのだろうか。

二つの国だけではない。戦後世界では一貫して被害者の国として位置付けられてきたポーランドは、行政府である国民記憶院が二〇世紀になってから史実を丹念に調査し、実はポーランド国民も大勢のユダヤ人を虐殺していたとの事実を公開した。他の多くの国でも、かつてユダヤ人差別や虐殺に関与していた自国の歴史を隠さない。だってこれは自国や自国民だけの恥ではない。人類が持つ普遍的な悪であり、病理なのだから。

虐殺は、世界に数多くある。まだまだ国内ではタブーとされている事例は少なくない。しかし、やがて明らかになる。そして、人は気づく。自分たちは時として、ありえないほどに残虐になる。誰もが優しくて穏やかなままでアイヒマンやカン・ケク・イウになる。摩擦が働かないままに多くの人を殺すことができるのだと。

ISが誘拐した子どもを兵士として教育していたことは知られている。二〇一七年に製作された映画『ラッカは静かに虐殺されている』（マシュー・ハイネマン監督）は、戦後史上最悪の人道危機と言われるシリア内戦に肉薄したドキュメンタリーだ。舞台は、ISに占領されて首都とされたシリア北部の街ラッカ。この映画の中盤で、四〜五歳くらいの男の子が、クマのぬいぐるみの首をナイフで何度も引き裂くシーンがある。男の子はにこにこと笑いながらぬいぐるみを処刑する。実際の処刑シーンや戦闘シーンがたくさんある映画だが、男の子のこの場面はかなりショッキングだ。

ＩＳだけではない。世界各地の戦場の最前線で戦う兵士や爆弾を身体に巻いて突進するテロリストには、一八歳未満の子どもたちが多い。今に始まったことではない。ドイツでは一〇歳から一八歳の青少年で組織されたヒトラー・ユーゲントが組織されていた。カンボジアでは、Ｓ21やキリング・フィールドの看守、さらに最前線のクメール・ルージュの兵士たちにも、少年少女が多く含まれていた。文化大革命のとき、もっとも激しく人々を拷問して虐殺行為を先導したのは、やはり主に十代青年たちで結成された紅衛兵だ。

なぜ子どもは兵士やテロリストになりやすいのか。この疑問に対しての回答は、それほどむずかしくない。純粋だからだ。彼らは身近にいる大人の言葉を信じやすい。場の空気や圧力にほとんど抵抗することなく従属する。強いリーダーの言動に自分を摩擦なく重ねる。

純粋さと残虐さは共存する。相反しない。子どもは時として、とても残虐な振るまいをする。残虐だから残虐な行いをするのではない。純粋だから残虐なのだ。

イギリスの小説家でノーベル文学賞を受賞したウィリアム・ゴールディングが、『蠅《はえ》の王（Lord of the Flies）』（黒原敏行《くろはらとしゆき》訳、ハヤカワepi文庫）を発表したのは一九五四年。ジュール・ベルヌの『十五少年漂流記』（椎名誠《しいなまこと》・渡辺葉訳、新潮社）に比べれば読んだ人の数は少ないが、『蠅の王』はまさしくその『十五少年漂流記』の裏バージョンだ。飛行機が墜落して漂着した無人島で、最初は助け合っていた子どもたちが、やがて殺し合うまでの過程を描いている。

この物語のテーマを、「人の意識の底に潜む獣性を描いた」とか「人間の残虐で邪悪な本質を提示した」などと解釈する人がいる。まあ解釈は自由。タイトルの「蠅の王」である悪魔ベルゼブブを何のメタファーかと妄想するのも自由。だが、僕の感想は少し違う。

殺人事件を起こす確率がもっとも高い世代は、どこの国でもどの民族でも十代後半だ。特に男の子。ある意味で当たり前だ。彼らは先を見通す力が弱い。物事の因果がまだ体得できていない。未熟なのだ。だからこそ少年は可塑《かそ》性が強いとして、世界中の近代司法国家では、罪を犯した少年を一定の条件で保護する少年法が定められている。

悪は善があるから存在する。善がなければ悪はない。

『蝿の王』の主要キャラクターの一人であるラーフは、無人島で最初は少年たちのリーダーとなる。小さな集団で規範（善のコモンセンス）を設定しようとするが、様々な環境因子が歯車となって、少年たちの結束はあっというまに瓦解する。

アメリカの実験心理学者であるスティーヴン・ピンカーは、その著作『暴力の人類史』（幾島幸子・塩原通緒訳　青土社）で、現在は人類史上で最も暴力が少ない時代であると主張する。ロシアとウクライナの戦争、イスラム過激派によるテロ、軍が市民を殺戮するミャンマー、スーダンで始まった内戦、毎日のように日本国内のどこかで起きている殺人事件、そんなニュースに日々接していると、現在の世界はあまりにも暴力的だと誰もが感じてしまうが、これは不安と恐怖に過剰に反応することで生じる錯覚で、実際には世界の暴力は確実に減少している。特に一四世紀以降、世界全体の戦争による死者数は大幅に減少して殺人の発生率も圧倒的に低下していることを、統計やデータを駆使して証明しながらピンカーは、その理由のひとつとして国家の貢献をあげる。

治安権力や軍事力を独占する国家は、多くの人から暴力を奪う装置でもあった。もちろん国家間の暴力（つまり戦争）は武器の進化とともに本格化したが、それでも長期的に見れば、国家が誕生したウェストファリア体制移行、商業・交易の発達やルネサンス、読書などの体験で他者への共感や合理的理性、寛容などを獲得した人類は、現在は人類史において最も平和な時代を過ごしている。

特に第二次世界大戦以降、基本的人権や平等という意識が広く普遍化し、民主主義はほとんどの口が共有する理念となり、暴力は急激に減少した。例えば今、ロシアとウクライナの戦争や中国や北朝鮮の脅威を引き合いにしながら、第二次世界大戦以降最も危機的な状況などと不安や恐怖を煽る報道や言質は多いが、朝鮮戦争やベトナム戦争、イラク戦争などを忘れている。核兵器についても、冷戦のピークであるキューバ危機のときはもっと切迫した状況だったし、旧ソ連は何十発もの核ミサイルの照準を日本の米軍基地に合わせていた。つまりもっと危機的な状況は過去にあった。でも人はその記憶を忘れてしまう。現在にばかり反応する。こうした状況についてピンカーは、二〇二二年九月一八日に配信された朝日新聞デジタルのインタビュー記事（聞き手・真野啓太）で、以下のように述べている。

人の認知には「利用可能性ヒューリスティック」と呼ばれる傾向があります。人はリスクを見積もるとき、自身の記憶をさぐります。そのときに簡単に思い出せる事例ほど、より高い確率で起こる、と思ってしまう傾向です。

ニュースの中で、扇情的な見出しで、繰り返し報じられるような最悪な出来事は「簡単に思い出せる事例」です。そうしたニュースに接すると、常に自分たちは危険にさらされていて、世界は悪い方向に向かっていると考えてしまいやすくなります。

現在は人類史上で最も暴力が少ない時代。ならばかつて人類は今よりも残虐で冷酷だったのか。もちろん違う。本質が変わるはずはない。気づいていなかっただけなのだ。人は環境によって大きく変わる。法やシステムに自分を馴致させる。アマゾンのジャングルで暮らしている部族の誰かが、もしもロンドンのトラファルガー通りで生まれて成長していたならば、その後の人格形成に大きな違いがあることは誰だって同意するはずだ。

まだ十数年の人生体験しかないままに無人島で孤立した子供たちは、他者への共感や理性の発達が十分ではない。だからこそ一時の衝動や欲望を優先する。反射的に行動する。社会規範の観点からは、その行為は明らかに悪だ。結果として暴力が島に蔓延する。でもそれは、彼らが邪悪で凶暴であることを意味しない。

子供たちが振舞う暴力は、草や花の芽が陽の光を浴びて伸びるように、水が高いところから低いところへ流れるように、肉食の獣が草食の獣を襲うように、とても自然な営みなのだ。暴力であっても悪ではない。その概念がそもそもない。子どもしかいない無人島ではそれで調和が取れる。誰が誰を殺すかにモラルや善悪の基準を当てはめても、この閉鎖系では意味がない。善悪の座標は消滅しているのだ。

人は時として無軌道な暴力を行使する。邪悪で凶暴だからではない。未成熟で純粋だからだ。いくつになっても可塑性は高い。それは個も集団も同じだ。その端的な事例を、『蝿の王』と『暴力の人類史』とは示している。

10 虐殺のスイッチを探る

集団化と同調圧力

人はなぜ優しくて善良なままで人を殺すのか。オウム施設で撮影をしてから僕はずっとこの命題を考えつづけている。

人類が有史以来ずっと保持してきたこの不条理を考えるうえで、極めて示唆に溢れたラディカルな補助線が、およそ八〇〇年前の日本に存在している。浄土真宗の開祖である親鸞《しんらん》の言葉を弟子が残した「歎異抄《たんにしょう》」の一節だ。以下に意訳する。

あるとき親鸞は弟子の唯円に、「私の言うことに背《そむ》かぬか」と念を押した。唯円は「もちろんです。師に背かないことを誓います」とうなずいた。そこで親鸞は、「人を千人殺してきなさい。それでおまえは浄土（極楽）に行くことができるから」と言った。この指示に動揺した唯円は、「私の今の器量では、例え一人といえども、人を殺せるとは思えません」と焦りながら答えた。

うなずいた親鸞は、「ならばどうして、親鸞の言うことに背かないと誓ったのか」と責めてから、「これでわかっただろう」とつぶやいた。

「何事も心の思うままになるならば、浄土に行くために千人殺せと師に言われれば、きっと殺せるはずだ。ところが一人といえども、業縁がなければ害せない。これが人間だ。心が善いから殺さないのではない。また、害せずにおこうと思っても、もしもそこに業縁があるならば、人は百人千人をあっさり殺してしまうこともある」

（『歎異抄』第十三条より）

善人だから殺さないのではない。悪人だから殺すのでもない。これを分ける境界は善悪ではない。そんなものは取るに足らない。大きな要因は業縁なのだと親鸞は唱える。業縁とは何か。情況や条件。僕は（その人の）環境設定と訳す。つまり環境さえ変われば、人は多くの人を殺す。悪事をなす。制御は働かない。宗教的な概念でもある「業縁」は、もう一つの重要な補助線によって、より輪郭を明確にする。

それは「集団化」だ。

ナチスにしてもクメール・ルージュにしても、虐殺に加担する男や女たちは常に集団だ。個人ではない。集団だからこそ主語が変わる。一人称単数である「私」や「僕」が、「我々」とか「我が党」とか「我が国家」などに肥大する。

だから述語が乱暴になる。威勢がよくなる。一人称単数に付随する躊躇や逡巡や悔恨が薄くなる。思考しなくなる。責任が回避される。こうして人は人を殺す。無自覚なままで。優しくて穏やかで善良なままで。

群れる生きものは多い。イワシにメダカ、カモにスズメ、ヒツジにトナカイ。他にもいくらでもいる。彼らの共通項は、弱いことだ。強い生きものは群れない。

特に人の身体は突出して弱い。足は遅いし空を飛ぶこともできず、さらに進化の過程で鋭い爪や牙や体毛までほぼ失った。とても脆弱な生きものだ。もしも僕がジャングルで武器がないままにチンパンジーと喧嘩したら、間違いなく秒殺される。だってチンパンジーは意外と大きい。犬歯は鋭いし握力は大人のオスなら三〇〇キロだ。悲鳴を上げて逃げるしかない。人はこれほどに無力だ。だからこそ群れる本能は強い。一人では生きてゆけない。そして、この集団化のギアは、不安や恐怖によって簡単に加速する。

群れは全体が同じ動きをする。つまり同調圧力だ。もしも全体と違う動きをする個体がいれば、天敵から真っ先に狙われる。

こうして長い進化の道筋を重ねながら、全体と同じ動きをする傾向が強い個体ばかりが、淘汰されずに生き残ってきた。遺伝子を残してきた。

自分が捕食されるだけではない。もしも群れの中でおおぜいと違う動きをする個体があれば、それは全体を危機に陥れる可能性がある。だからこそ動きの違う個体は、異物（少数派）として群れから排除される。ちなみにその個体が敵から攻撃されることで、群れの多数派である自分たちが狙われる可能性は低下する。つまり生け贄。生物学の用語でこれを「希釈効果」という。同時に、異物を排除するその過程において、排除する自分たちは多数派として、さらに強く連帯を実感することもできる。

過剰な忖度と異物の排除

……ここまで読みながら、あなたは気づくかもしれない。要するに、学校のいじめと虐殺は構造が同じなのだと。それが社会全体で起きる。異物と見なす理由は、動きの差異だけではない。皮膚や眼の色の違い。言葉のイントネーション。あるいは自分たちとは違う神を称えていること。理由は様々だ。というか何でもいい。

ただし、一つだけ条件がある。やられる側が少数であるか弱者であることだ。その少数派の集団を、多数派の集団が攻撃する。

こうして異物を排除した集団は、さらに同質性を集団内部に求めながら、足並みそろえて行軍する。なぜこの方向に進むのか、なぜこれほど足早になるのか、疑問はあっても誰も口にはしない。やがてその疑問も消滅する。疑問を口にしたり首をかしげたりするだけで、自分が異物と見なされる可能性があるからだ。イワシやムクドリの群れの動きを統率するのは、全体の意思だ。でも実際には意思などない。疑似的意思だ。

これは人にも当てはまる。危機や不安を感じて集団化が加速するとき、個（自分）の感覚ではなく全体の意思に即して動こうとする。だが、そんな意思など本来は存在しない。

信仰を紐帯にする集団の場合には、この意思の領域に神の言葉や指示が充填される。しかし、神の声は我々には聞こえない。だから誰かが代言する。つまり預言者。イエスでありムハンマドだ。神の疑似的意思であり疑似的指令だ。

必ずしも神である必要はない。理念やイデオロギーの場合もある。民族の誇りや高揚した自衛意識の場合もある。大義は何でもよい。そこにあるのは中身ではなく空の器だ。大義は後付けなのだ。

いずれにせよ、ひとたび集団化が始まると、人はこの疑似の意思に背いた動きができなくなる。この延長に独裁体制がある。ただし強制された独裁体制ではない。多くの人が意識下で望んだ独裁体制だ。

こうして自発的な隷従が完成する。

S21の所長だったカン・ケク・イウやユダヤ人輸送の最高責任者だったアドルフ・アイヒマンは、命令や指示に従っただけだと自分たちの行為を説明する。本音だと思う。末端は組織に従属する。明確な意思はどこにもない。その帰結として、後から考えれば理不尽で不条理な選択が現実となる。そして多くの人が殺される。

そもそもユダヤ人への最終解決（ホロコースト）を決定したとされるヴァンゼー会議に、ヒトラーは出席していない。「最終解決」を意味するヒトラーの文書も、今に至るまで見つかっていない。敗戦国ドイツを裁くニュルンベルク裁判で連合国側は必死にその証拠を探したが、結局は一枚の紙片すら発見できなかった。

集団は意識下で忖度を重んじる。組織共同体のメカニズムは、明確な指示や通達だけで機能しているわけではない。集団化が進めば進むほど、忖度は過剰になる。ナチスやクメール・ルージュだけに当てはまるメカニズムではない。群れて生きることを選択した人類が抱えた宿命的なメカニズムだ。

実際の権力や中枢が空虚であればあるほど、群れの暴走は激しくなる。ここに天皇制とこの国の近現代史を当てはめることも可能だろう。

ジョージ・オーウェルは、ディストピア小説『一九八四年』（高橋和久《たかはしかずひさ》訳、ハヤカワepi文庫）で、独裁国家であるオセアニアを舞台にした。ところが、この国を統治する独裁者であるビッグブラザーについてオーウェルは、最後まで直接的な描写をしていない。その存在は常に、街角に貼られたポスターやテレスクリーン（オーウェルが考案したテレビ受像機。監視カメラの機能も併せ持っている）など、メディアが提供する二次情報に限定されている。確かな実在としての独裁権力は存在しない、とのアナロジーを描いたとの見方も可能だろう。

歴史の縦軸を見ても世界の横軸を見ても、そんな事例はいくらでも示すことができる。自分は指示や命令に従っただけと証言するアイヒマンやカン・ケク・イウの上司に、あなたが命じたのかと質問すれば、私も指示されただけだと答えるだろう。その上司の上司は誰か。指示や命令はどこから来たのか。明確な意思主体に辿り着けることはまずない。

文化大革命やクメール・ルージュは共産主義の暴走だが、インドネシアの大虐殺では共産主義者を人々が殺戮した。ルワンダでは人為的に区分された境界が、虐殺する側とされる側を分断した。

魔女狩りや異端審問は、高揚した信仰がもたらした集団ヒステリーとしてよく知られている。過剰な忖度と同調圧力によって後戻りができなくなる事例として、大日本帝国時代の御前会議を思い浮かべる人もいるはずだ。

これらの事例に共通する要素は、カリスマ的な力を持つ独裁者の指示が機能したのではなく、何かをきっかけにした集団の暴走がメカニズムの中心であることだ。つまり疑似的なのだ。そこに中心はない。論理もない。だから制御できない。暴走する。だからこそハンナ・アレントはアイヒマン裁判を傍聴しながら、彼を「凡庸な悪」と形容した。

群れることを選択した人類は、誰もがアイヒマンになる可能性がある。優しくて善良なままに多数の人を殺戮する。とても日常的で普遍的で凡庸な現象なのだ。

お化け屋敷は、なぜ怖いのか？

遊園地にあるお化け屋敷は、何が怖いのだろうか。作りものであることは知っている。お化けが本当にいるかもしれないなどとは、これっぽっちも思っていない。

でも怖い。中に入るときはちょっと足がすくむ。できることなら入りたくない。もうすっかりいい歳になったけれど、実は今でもけっこう苦手だ。

ならば、僕はお化け屋敷の何が怖いのだろう。少し考えた。そして気がついた。お化けが怖いのではない。通路が怖いのだ。

お化け屋敷の通路は暗い。歩く先に何が待ち受けているのかわからない。先が見えない。もし「あそこの角を曲がったら、大学生のアルバイトが幽霊のメイクと扮装をして立っている」とか「電気仕掛けの人形が壁の中から飛び出してくる」とわかっていれば、怖さはほとんど消えるだろう。

人は闇が怖い。見えないからだ。だから夜の森は怖い。夜の海も怖い。暗い藪の中から、何かがいきなり襲いかかってくるのではないかとの不安をどうしても拭えない。深くて暗い海の底から、巨大な生きものが大きな口を開けて浮き上がってくるのではないか、との妄想を捨てきれない。

見えないことが怖い。わからないから不安になる。

だから、不安や恐怖が高揚しかけているとき、人は見たくなる。確かめたくなる。自分に危害を加えようとしている敵の正体を。その存在を。

これが仮想敵だ。

この言葉は冷戦の時代によく使われた。例えば、アメリカを筆頭とする自由主義を身上にする国々にとって（もちろん日本もその一員だ）、社会主義や共産主義をイデオロギーとして持つ旧ソ連や中国は危険な国だった。

ただし、実際に戦争状態にあるわけではない。だから仮想敵国。つまりバーチャルだ。もちろんこれは、旧ソ連や中国を視座に置いても同じ。アメリカや他の西ヨーロッパの多くの国は、彼らにとって危険な仮想敵国だった。

あくまでも仮想だ。でも仮想は仮想のままではいられない。いつ襲ってくるかと気が気ではなくなる。ならばどうすればよいか。まずは守りを固める。次にどうするか。もしも先に手を出したらもっとひどい目にあうとの不安を相手に与える。つまり抑止力だ。

こうした理由で、冷戦期のアメリカと旧ソ連は、核兵器開発や宇宙開発など、軍拡競争を必死に行った。しかし、やがて気づく。互いに自国の守りを固めるということは、（核開発が典型だが）敵国の戦闘能力を高めることと同義なのだ。これでは安心できない。ならばどうするか。敵を叩くしかない。だってこれは正当防衛だ。我々が攻めるわけではない。敵の攻撃を防ぐためだ。

かくして、どちらかが手を出す。あるいは前線で恐怖に駆られた兵士が思わず発砲して、それが大きな戦いへとエスカレートする。

近代以降の戦争の多くは、こうして自衛の意識が暴走して勃発する。侵略戦争は（皆無ではないが）ほとんどない。そしてその数少ない場合にも、自衛や自国民保護が大義とされる。

では、国民の不安と恐怖が高まっているのに、自分たちに脅威を与える可能性のある国が周囲に発見できない場合はどうするか。

作ればよいのだ。

こうして為政者は仮想敵国を周囲に作る。視聴率や部数を上げたいメディアもこれを煽る。もちろん、こうした動きはその相手国にも伝わる。ならば、相手の国から見れば、こちらが仮想敵国になる。

人は敵を作る。安心するために。平和を求めながら。あまりに倒錯しているとあなたは思うだろうが、第二次世界大戦後のアメリカは、ほぼこの状態を慢性的に続けていた。戦争が続いているときは、敵を可視化できているので安心できる。でも戦争が終わって平和な状態になったとき、敵はどこに潜んでいるのかと不安になる。つまり夜の海。あるいはお化け屋敷の通路の法則だ。

だから敵を探す。無理やり見つける。探して攻撃を仕かける。そして戦争が終わったら、また不安と恐怖が高揚してくる。

人は弱い。弱いからこそ人は臆病だ。警戒心が強い。猿人や原人の頃は大型肉食獣が天敵だった。今さらオオカミやライオンが怖いという人はいない。しかし、不安や恐怖の鋳型が残っている。よく見えないから怖い。鋳型に何かをはめたくなる。仮想の敵を可視化したくなる。

こうして人は、同族を敵と見なすようになる。ただし、この場合の同族は、自分が帰属する集団とは微妙に違う同族だ。違いは何でもよい。髪の色が違う、肌の色が違う、目の色が違う、行動様式が違う、違う神様を敬っている、とにかく自分たちと違う集団を敵と見なす。

狩猟の時期は終わり、いつの間にか農耕の時代を人類は迎えていた。だから土地を守る。所有の概念が強くなる。こうして戦争の歴史が始まる。

集団が変異する熱狂の瞬間

水を熱すれば沸騰して水蒸気になる。あるいは、冷やせば氷になる。こうした現象を熱力学用語で相転移《そうてんい》と呼ぶ。ある系の相（phase）が熱や圧力などの外的要因によって、別の相へ転移すること。ただし、変わるのは相だ。本質は変わらない。また可塑性がある。原子や分子の配列は変わらない。水の化学式は、液体や氷であってもすべてH_2Oだ。

水は〇度になったら氷になり、一〇〇度になったら水蒸気になる。僕たちは、学校でそう習う。しかし、現実には〇度以下でも凍らない場合（過冷却）や一〇〇度を過ぎても沸騰しない場合（過熱）がある。

過冷却状態にある水に何らかの物理的刺激（振動など）を加えると、水は急速に氷へと相転移を起こす（接種凍結）。瓶に入った水ならば、叩いた瞬間にみるみる凍結する。あるいは過熱状態にある水に、やはり振動や不純物を混入するなど物理的刺激を与えると、水は一気に沸騰する（突沸《とっぷつ》）。

ここまでは物理現象。とはいえ、原子や分子で構成されていることは生きものも同じだ。広義の相転移は生きものにも起きる。例えば、チョウやカブトムシの幼虫の羽化。さなぎの中でいったんは相が変わる。液体状になるのだ。これは個体の相転移だが、集団が変わる場合もある。このときは相変異《そうへんい》という言葉を使う。

相変異の代表はサバクトビバッタだ。アラブからアフリカ、そしてアジア一帯まで、広い範囲に生息しているトノサマバッタの亜種だ。映画『テラフォーマーズ』（三池《みいけ》崇史《たかし》監督、二〇一六年）に登場するティンは、このバッタのDNAを移植されたとの設定だ。

通常のサバクトビバッタは、草原で単独生活を送っていて（孤生相）テリトリー意識が強く、交尾は別にして、個体同士は互いの接触を避ける傾向がある。しかし、例えば日照りが続いて周囲の草がなくなりかけたとき、草を求めて狭いエリアに集まってきて一定以上の数に達すると、次世代の体色は黒っぽくなって身体や羽根が大きくなる。つまり個のテリトリー意識を失って、孤生相から群生相へと変異する（ティンも過剰変態して群生相になったとき、飛翔能力を身につけて、それまで以上に獰猛《どうもう》になるという設定だ）。

変異したサバクトビバッタは、互いにフェロモンを出してさらに引き合い、群れをなして移動しながら、畑の農作物や他の虫や小動物を襲う。これを蝗害《こうがい》と呼ぶ。群れを形成したときに相が変わる。この傾向は、サバクトビバッタだけにあるのではなく、人にもきっとある。

孤独でもの静かだった人が集団の一員となったとき、攻撃的になる。僕たちはそんな瞬間を何度も目撃しているはずだ。サバクトビバッタは草が少なくなったときに集団化を発動するが、人間は不安や恐怖を刺激されたときに、一人でいることが怖くなって集団の一部となろうとする。

このとき、集団内の少数派への差別や排除の意識が強くなり、同調圧力が強くなって同じ動きをするために、強くてマッチョな指導者や政治家を求め始める。そして、集団（国家）の外に仮想敵を設定する。

フランスの心理学者であるギュスターヴ・ル・ボンが『群衆心理』（櫻井成夫《さくらいなるお》訳、講談社学術文庫）で指摘したように、集団の熱狂によって人は同じ過ちを何度も繰り返している。しかしル・ボンの時代から一〇〇年以上が過ぎた今、人類の集団化は新たな位相に足を踏み入れた。

そのファクターはネットだ。ル・ボンは集団の動きを「反復に弱い」「断言に引きずられる」「暗示に感染しやすい」など、徹底して受動の主体として考察した。こうして群衆は、その構成員すべてが意識的人格を喪失して、指導者の断言・反復・感染による暗示のままに行動するようになる。しかし現在の僕たちの日常において重要なインフラとなったネットやSNSは、受動のはずの集団が、時に能動の主体になることを可能にした。

ただし、本来の主体ではない。ネットという仮想空間でつながった仮想の主体だ。

仮想だから質量はない。ところがその仮想が疑似的意思となって、まさしくビッグブラザーのように、現実に影響を及ぼし始める。

在日外国人に対する個の憎悪や嫌悪が、ネット上では仮想の集団として大きな声になる。おまけにネットでは、自分の顔や名前も隠される。ならば他人を執拗に攻撃しても、自分は安全圏にいることができる。

こうして分散していた個の暗くて歪んだ情念が、匿名のままネット上で繋がる（という錯覚を持つ）。少数の連帯が多数派であるかのように思い込む。日陰の存在が陽の光を浴びたくなる。下劣なトイレの落書きを表通りで叫びたくなる。

集団は論理を嫌う。論理の基盤となる知識を嫌悪する。知識の基盤となる歴史的体験を軽視する。特に、近代以降に立ち上がったヨーロッパの合理主義や理性は、（その端緒である「我思う、ゆえに我あり」が示すように）考察する個を主体にしている。進行しつつある全体の同調に対して、論理や理性は抑制する機能を持つ。

だからこそ、集団に個を埋没させている多数派にとって、論理や理性は目障りだ。排除したい。デリートしたい。クメール・ルージュや文革の紅衛兵が、知識人を迫害した理由はここにある。

群生相となったサバクトビバッタは、頻繁に共食いを起こす。もともとバッタ類は共食いをするが、その頻度が増加する。つまり虐殺だ。弱いものが強いものに食われる。少ないものが多いものに攻撃される。

そして、ネットの時代を迎えた現在、人類は新たな集団化のリスクを肥大させつつある。特に近年においては、短い罵倒の言葉で完結することができる（論理や理性を必要としない）匿名掲示板やSNSが、こうした傾向を促進する恰好の腐葉土となっている。

こうして反知性主義が、ネットを媒介にしながら地下茎のように広がり始めた。

虐殺のスイッチとは

日本国民はおしなべて集団と相性がよい。言い換えれば、個が弱い。集団行動が大好きだ。

だからこそ傾斜しやすい。暴走しやすい。多民族・多言語・多宗教のアメリカが持つような復元力もない。世界一ベストセラーが生まれやすい国と聞いたことがある。他の人たちと同じ動きをしたいとの衝動が強い。メディアやネットの影響を受けやすい。

　こうした状況に社会が陥ったとき、もっとも警戒すべきは、同じように知性や理性を憎み、さらに不都合な歴史から目を逸らそうとする為政者の出現だ。その発言が支持者たちの熱狂と共振する。為政者や統治権力を批判する勢力は、国賊や非国民として糾弾される。

　集団は、ある意味で臨界状態にある。ちょっとした刺激で突沸や接種凍結を起こす。一気に相が変わる。そして、何が相転移を起こす物理的刺激になるか、事前には予測できない。イデオロギーや信仰の場合もあるが、もっと些細な物理的刺激の場合もある。

　これが虐殺のスイッチだ。

　一つではなく、複数の場合もある。押す順番が違えば作動しない場合もある。でも虐殺のスイッチは確かにある。

　ルワンダの虐殺は、フツ族向けのラジオがスイッチになった。テレビや新聞がほとんど存在しなかった当時のルワンダで唯一のメディアだったラジオが、ツチ族の危険性を煽って虐殺は始まった。

　関東大震災のときに起きた朝鮮人虐殺は、人々のデマやうわさ話がスイッチになった。神奈川県横浜市の小学生たちが、震災直後に書いた作文が残っている。「鮮人《せんじん》がせめてきた」、「朝鮮人が刃物をもってくるから、来たら殺してください」などと、デマやうわさ話が地域をかけめぐり、その結果として地域の人々と警察とが朝鮮人を虐殺した（「ねざす」No.48、神奈川県高等学校教育会館教育研究所、二〇一一年）。

水は加熱しなければ沸点に達しないし、冷やさなければ氷点に達しない。加熱したり冷やしたりという「理由」があり、そのうえで水蒸気になったり氷になったりと相を変える。

虐殺における温度と圧力は、他者への不安と恐怖だ。これらが高まって臨界点に達したとき、ちょっとした物理的刺激で相変異が始まる。生きものの攻撃衝動を司る視床下部が刺激される。そしてこの物理的刺激は、ネットとメディアの発達によって、とても身近になっている。ピンカーが主張するように、論理と理性を民主主義や基本的人権の枠組で獲得した人類は、長期的スパンでは暴力を大幅に抑制するようになった。でも今、ネットという新しいメディアの出現によって、不確定な要素が大幅に増大しつつある。

雪山の上部でちいさな雪の固まりが下に転がった。固まりは転がりながら、少しずつ大きくなる。やがて、大きな雪崩に変わる。ネット上における突然の雪崩がサイバーカスケードだ。つまり炎上。

日々雪崩は起きている。小さな雪崩の集積が、いつかもっと大きな雪崩へと転移するかもしれない。

個が強い人は、自分のアイデンティティを自分自身に発見できる。でも人は弱い。一人では心細い。集団に帰属したくなる。集団にアイデンティティを構築したくなる。集団の論理は個とは違う。主語が集団になる。事あるごとに、自分が帰属する会社や大学の名前を強調する人がときおりいる。そういう人の心性は、「日本人としての誇り」とか「気高くて崇高な日本」などのフレーズをネットに書く人たちと、かなりの割合で重複している。

誇り、という感覚は否定しない。とても大事な感覚だ。とはいえ、少なくとも国や民族など生まれる前から与えられていた属性に誇りを感じる意味が、僕にはわからない。努力して勝ち得たからこそ、誇りは正当になる。豊かな国に生まれた人が、貧しい国に生まれた人に対して持つ意識は誇りではない。それは、とても安っぽい優越感だ。

そうした思考をする人は、「彼らと自分は違う」との意識にすぐ短絡する。区分けする。境界を作る。そして、安心する。

これも否定はしない。というかできない。安っぽくて貧弱だけど、群れることを遺伝子に刻んだ人間の一面だ。ただし、その危険性は自覚したい。自覚しなければならない。

人は、一人では生きてゆけない。社会的な生きものとして、ここまで進化してきた。今さら樹上生活していた四五〇万年前には戻れない。生きるためには共同体＝集団に属する必要がある。それ自体は間違いではない。良いも悪いもない。

だが、名前を付けやすく、非日常的で、大きなもの、すなわち国家とか宗教とか思想などといった共同体に属したとき、人は個をなくしかける。これが危険なのだ。意識下で隷従する。自発的なのに自覚がない。ならば暴走まではもうすぐだ。

歴史を知ること。今の位置を自覚すること。後ろめたさを引きずること。自分の加害性を忘れないこと。

これらがクリアできれば、集団が暴走するリスクはかなり低下する。最悪の事態である虐殺は、簡単には起きなくなるはずだ。

転がる石のように――あとがきに代えて

僕は、この歳になるまで、組織と距離を置いて生きてきた。意識してそうしたわけじゃない。でも結果としてそうなった。

子どもの頃には、転校を繰り返した。成長してからは、何度か会社勤めをしながら、どうしても長続きしない。転職を繰り返していた。ただしいわゆる「一匹狼」ではない。それほど強くない。というか、実は人一倍弱い。

だからいつも揺れていた。同じ場所にとどまれない。まさしく転がる石のような半生を送ってきた。

しかも僕は、自他ともに認めるKY《ケーワイ》だ。先天的にK＝「空気」をY＝「読めない」。「読まない」のではなく「読めない」のだ。だからこそ、日本中がオウムを危険視しているその時期、オウムの施設に通って撮影を続けることができた。その結果として、テレビという巨大な集合体から排除されて一人になった。そして映画の発表以降も、「オウムを擁護している」とか「反社会的集団に寄り添っている」などと、ずっと批判され続けている。

初めてオウムの施設に行ってから、もう二〇年以上が過ぎるけれど、あのときの感覚の記憶は大きい。

僕は一人だった。

社会からは排除されかけているし、もちろんオウムにも帰属できない。したいとも思わない。かといって、社会に戻ることもできない。仲間もいない。とても心細かった。

とはいえ、一人でいることが、何となく心地よかったことも確かだ。たぶん僕の立場になれば、誰もがそう感じると思う。

『A』と『A2』は集団と個の映画だ。もしも僕が組織の一員のままだったら、絶対にあんな映画は撮れなかった。

強い志や信念があったわけではない。意識的に集団と距離をとったわけでもない。理由があって周囲の動きに逆らったわけでもない。たまたまできた映画なのだ。

だからこそ、実相に近付くことができた。まったく誇れない。だってフロック（まぐれあたり）なのだ。

もしも僕の立場にいたならば、誰だって視点が変わることで世界が変わることに気づいたはずだし、その意味では誰だって撮れる映画なのだ。

　この体験をきっかけに、僕は多くの人とは違う視点を得た。だから多くの人とは違うものが見える。多くの人が足並みそろえて行軍するとき、きっと僕は少し離れた位置からぼんやりと見つめているはずだ。集団に埋没することはできない。でもだからといって、決然と集団から離脱することもできない。要するに中途半端だ。だからこそグラデーションが見える。二元化に対して、それは違うよと声をあげたくなる。

　集団とは社会でもある。これを全否定することなどできない。人は群れる生きものになったからこそ、文明を構築・継承・伝播することが可能になり、ここまで繁栄することができたのだ。それは大前提。僕だってこの社会の一員だ。一人で生きているわけではない。というか、一人で生きることなど不可能だ。

　でも僕は、密集度が高い集団の真ん中にいることができない。なんとなく居心地が悪いのだ。だから気がつけばいつも、集団の端にいる。密集度は低い。だから真ん中よりは自由に動ける。きょろきょろと視点を変えることもできる。そして気づく。世界は単色ではない。多面的で多重的で多層的だ。だから思わずつぶやく。もう少しだけ端に寄れば、もっともっと違う景色が見えるのに。もう少しだけ端に人が増えれば、世界はもう少し風通しが良くなるのに。

そんなつぶやきが、僕の場合は本になったり映画になったりする。ここまで読んでくれてありがとう。

最後に、僕が昔に書いた書籍のタイトルをここに引用する。

世界はもっと豊かだし、人はもっと優しい。

……このタイトルに対して、豊かで優しいのなら、なぜそんな世界になれないのだと批判した人がいた。わかっているよそんなこと。だから「もっと」なのだ。視点を少し変えるだけで、きっとあなたも気づくはずだ。殺したり殺されたりはもう嫌だ。僕たちはもっと豊かで優しくなれるはずなのだと。

ちくま文庫版のためのあとがき

この文庫本の親本である『虐殺のスイッチ　一人すら殺せない人が、なぜ多くの人を殺せるのか』（出版芸術ライブラリー）を上梓したのは二〇一八年。この五年のあいだに世界では何が起きたのか。イエメンの内戦は続いている。専制的で独裁的な政治家が支持される傾向はさらに高まった。クーデターによって権力を奪取したミャンマーの軍事政権は、民主化を求める多くの市民を今も殺し続けている。香港の市民デモを統治体制への反乱と見なした習近平政権は、国家安全維持法を根拠に市民を弾圧して支配下に置いた。新型コロナによるパンデミックが世界を覆い、ロシアによるウクライナへの武力侵攻が始まった。

そして二〇二二年末、中国と北朝鮮の軍事的脅威を理由に岸田政権は、敵基地攻撃能力の保有を明記した国家安全保障戦略の大転換と防衛費増額を決定した。

つくづく思う。なにも良くなっていない。人類は向上していない。でもロシアとウクライナとの戦争を第二次大戦以降最大の戦争とか日本をめぐる安全保障環境が最大の危機的状況になったなどと言うのなら、それは違うと反論しなくてはならない。朝鮮戦争やベトナム戦争はもっと大規模だった。キューバ危機のときは第三次世界大戦が始まると多くの人は覚悟した。この時期には旧ソ連の核ミサイルが日本の米軍基地に照準を合わせていた。虚偽の大義でアメリカはイラクに武力侵攻してISを誕生させてテロの時代が始まった。

でもここまで人類は乗り越えてきた。キューバ危機に関しても、ケネディとフルシチョフが両国のトップだったからこそ回避できたと考えることはできる。もしもトランプとプーチンだったら、おそらく今のこの世界はない。

だから「まえがき」で書いたことをもう一度書く。終わらせてはいけない。忘れないために。善良な人が善良な人を殺す。その理由とメカニズムについて、僕たちは何度も継続して考え続けなくてはならない。

最後に、他社の本にもかかわらず文庫化を提案してくれた筑摩書房の吉澤麻衣子に感謝。彼女がいなければこの文庫本は誕生しなかった。そして最後の最後に、ここまでこの本を読んでくれたあなたに最大級の感謝。ありがとうございます。

解説　考えないと考えなくなる

武田砂鉄

本書の末尾で、森達也は自著のタイトル『世界はもっと豊かだし、人はもっと優しい』を引用している。このタイトルの単行本が刊行されたのが2003年4月だから、ちょうど20年前だ。それからずっと、森はこれを言い続けている。何度かの対談やトークイベントでも近しい表現を聞いてきた。ずっと言っているということは、どうやらまだなのだ。まだ言わなければ、もっと言わなければ、という現状認識なのだろう。

たとえば、朝、テレビのワイドショーを見る。そこに映し出されている「優しさ」とはどんなものか。アヒルの列が道路を横切ろうとしたら、行き交う車やバイクが一時停止し、アヒルが通り過ぎるのを待った。「叶わぬ恋だと思っていたが奇跡の展開……」と告知された映画の主役がスタジオにやってきて、「本物の恋人同士かと思えるほど、いい空気を作ってくれた」とキャストやスタッフに感謝を述べている。スタジオにいるアナウンサーたちは、それらを受け止め、にこやかに笑ったり、うっとりしたりしている。優しい空間である。

自分がそこにいたらどうするだろう。「そうそう、以前、アヒル肉を食べて、あれ、とてもおいしくて」「以前所属していた事務所から独立して、それ以降、とても楽しそうにされていますよね」だろうか。いや、実際には言えない。言えないまま、笑って、うっとりしてしまうだろうから、そういう場所には出ていかない。

画面が切り替わり、年配の男性アナウンサーが、老々介護の末に夫が妻を絞め殺してしまった事件を報じる。切り替わった後は、いつも、この手のニュースをやるのだ。この手のニュースとは何か。笑ったり、うっとりできないニュース。以前、民放キー局の女性アナウンサーと一緒に仕事をした時に聞いてみた。意地悪な質問だなとの自覚はあった。

「ワイドショーで、画面左半分にメニューのようにニュース項目が並んでいて、右半分にアナウンサーが立って、次々と紹介していく時間がありますよね。タレントが結婚した、というニュースの後に、緊迫した国際情勢を伝える。あの時、表情を激変させるのって、大変じゃないですか？」

「私は、その変化を作るのが苦手なので、一瞬、カメラの少しだけ下を見て、軽く頷くようにしているんです」

「えっ、そこに何か書いているんですか？」

「いえ、特に何も。架空のカンペを見る意識ですね。そこを見ているかのように思わせると、次のニュースに向けた表情に切り替えることができるんです」

吉報の後の悲報、そこに吉報の顔が残っていたら批判されるだろうし、その逆、悲報の後の吉報で喜びきれなかったら、これはこれでなにがしかを言われるのだろう。だから、架空のカンペで表情を整える。テクニックとしては抜群だ。でも、それでいいんだろうか。その人に、架空のカンペを用意させるのは誰なのだろう。

森達也は善悪のグラデーションの話を繰り返す。良い人間と悪い人間は、くっきり分かれているわけではない。悪い人間と決めつけられている存在と向き合ってみたら、その人の良さが見えてきた。いや、そもそも、「良さ」なんて誰がどのようにして決められるというのか。

ゴキブリを踏んづけて、飼い犬を撫で、牛肉を食べ、不倫した俳優を叩き、純愛を貫いたタレントを祝い、殺傷事件を起こした犯人の卒業文集から人格を決めつけ、最近なんだか物騒になってきたよね、と言いながら、2匹目のゴキブリを踏んづけて、また、飼い犬を撫でる。それが私たちの1日であり、毎日である。どこを切り取るかで、その人への評価は変わる。「飼い犬を撫でて、純愛を貫いたタレントを祝う人」「犯人の卒業文集から人格を決めつけ、ゴキブリを踏んづける人」、これは同一人物である。

私もあなたもそう。どちらをプレゼンするかによる。さほど仲良くないご近所さんと雑談するならば前者だろうし、匿名でＳＮＳをやっている人は後者に近いかもしれない。

「日本人は組織と相性がよい。言い換えれば個が弱い。だから組織に馴染みやすい。周囲と協調することが得意だ。悪く言えば機械の部品になりやすい。だからこそ組織の命令に従うことに対し、個による摩擦が働かない」

こう書いてある。組織が、あるいは権力者が、今はこういうことになっています、との方針を出す。それを聞いて、そうか、そういうことになっているのかと順応する。ちょっと、それ、違くないですか、と割り込むと、いやいや、何を言っているの、みんなそうしているのに、どうしてわからないの、と返ってくる。逡巡をバカにする。強いられた選択を自分の意思だと信じ込む。周りに同じ判断をしている人がたくさんいるから正しいのだと言い張る。こんなんだったら、特定の方向に統率したり、誘導したりするほうは、あまりに簡単である。

しばらくずっと、国政選挙において、自分の投票した候補が当選していない。自分にとっては、どうしてこの人が、と感じられる人ばかりが当選する。もちろん、落選したとはいえ、積み重ねられた1票はこちらの意思なので無駄とは思わない。ところが、選挙が終わると、勝ったほうに票を投じたと思しき人たちから、「勝った＝何を言ってもいい」「負けた＝少し黙っててくださいね」というニュアンスの声が飛んでくる。比較する指標を持たないが、年々その勢いは強まっている。人がたくさんいるほうに私はいるのです、というアピールが蔓延《はびこ》っている。その流派として、だったら政治家になって言ってくださいよ、金持ちになって寄付して助けたらどうですか、といった声も目立つ。力を誇示し、力不足を軽視する。

森達也はずっと煩悶している。少なくとも、『世界はもっと豊かだし、人はもっと優しい』を刊行した20年前から同じように煩悶している。煩悶、つまり、もだえ苦しんでいる。本書も同様である。煩悶の意味や価値はどんどん削られている。答えを出せない人、前向きになれないネガティブな人、イデオロギーに染まっている人、そんな安直な変換を食らう。それを食らって、もう1回煩悶すると、さらに嘲笑される。吊し上げられる。圧倒的に批判されている人を見て、本当に批判するだけでいいのだろうかと問えば、擁護していると言われる。誰だって、逡巡や煩悶の中で暮らしているはずなのに、それが存在しないかのように区画整理されてしまった表向きの社会で、考え続けるのを怠るようになってしまった。結果、考え続けている人をバカにするようになった。良い悪いを決めてもらって、そこに並走してしまう。

「自分のことは自分で決めましょう」「相手の気持ちを考えましょう」、これは小学生の時に先生から繰り返し言われた二つなので、自分はずっと覚えているのだが、なぜか、忘れてしまっている人が多い。考えないと考えなくなる。結果、大変なことになる。これまでも、大変なことを起こしてきた。森達也はその実相を伝えてくる。私たちはもっともっと考えて、もだえ苦しんだほうがいい。

（たけだ・さてつ　ライター）

本書は二〇一八年一〇月、出版芸術社より刊行されました。
文庫化にあたり、加筆・訂正をしています。

日本の村・海をひらいた人々　宮本常一

民俗学者宮本常一が、日本の山村と海、それぞれに暮らす人々の、生活の知恵と工夫をまとめた貴重な記録。フィールドワークの原点。（松山巖）

広島第二県女二年西組　関千枝子

8月6日、級友たちは勤労動員先で被爆した。突然に逝った39名それぞれの足跡をたどり、彼女らの生を鮮やかに切り取った鎮魂の書。（山中恒）

誘拐　本田靖春

戦後最大の誘拐事件。残された被害者家族の絶望、犯人を生んだ貧困、刑事達の執念を描くノンフィクションの金字塔！（佐野眞一）

責任　ラバウルの将軍今村均　角田房子

ラバウルの軍司令官・今村均。軍部内の複雑な関係、戦地、そして戦犯としての服役。戦争の時代を生きた人間の苦悩を描き出す。（保阪正康）

田中清玄自伝　田中清玄　大須賀瑞夫

戦前は武装共産党の指導者、戦後は国際石油戦争に関わるなど、激動の昭和を侍の末裔として多彩な人脈を操りながら駆け抜けた男の「夢と真実」。

戦場体験者　保阪正康

終戦から70年が過ぎ、戦地を体験した人々が少なくなる中、戦場の記録と記憶をどう受け継ぎ歴史に刻んでゆくのか。力作ノンフィクション。（清水潔）

東京の戦争　吉村昭

東京初空襲の米軍機に遭遇した話、寄席に通った話。少年の目に映った戦時下・戦後の庶民生活を活き活きと描く珠玉の回想記。（小林信彦）

私たちはどこから来て、どこへ行くのか　森達也

自称「圧倒的文系」の著者が、第一線の科学者に「いのち」の根源を尋ねて回る。科学者たちの真摯な応答に息を呑む、傑作科学ノンフィクション。

富岡日記　和田英

ついに世界遺産登録。明治政府の威信を懸けた官営模範器械製糸場たる富岡製糸場。その工女となった「武士の娘」の貴重な記録。（斎藤美奈子／今井幹夫）

ブルースだってただの唄　藤本和子

アメリカで黒人女性はどのように差別と闘い、生きてきたか。名翻訳者が女性達のもとへ出かけ、耳をすまして聞く。新たに一篇を増補。（斎藤真理子）

現代語訳 文明論之概略　福澤諭吉　齋藤孝 訳

「文明」の本質と時代の課題を、鋭い知性で捉え、巧みな文体で説く。福澤諭吉の最高傑作にして近代日本を代表する重要著作が現代語でよみがえる。

それからの海舟　半藤一利

江戸城明け渡しの大仕事以後も旧幕臣の生活を支え、徳川家の名誉回復を果たすため新旧相撃つ明治を生き抜いた勝海舟の後半生。（阿川弘之）

戦う石橋湛山　半藤一利

日本が戦争へと傾斜していく昭和前期に、ひとり敢然と軍部を批判し続けたジャーナリスト石橋湛山。壮烈な言論戦を大新聞との対比で描いた傑作。

もうひとつの天皇家 伏見宮　浅見雅男

戦後に皇籍を離脱した11の宮家――その全ての源流となった「伏見宮家」とは一体どのような存在だったのか？　天皇・皇室研究には必携の一冊。

幕末維新のこと　司馬遼太郎　関川夏央 編

「幕末」について司馬さんが考えて、書いて、語ったことの真髄を一冊に。小説以外の文章・対談・講演から、激動の時代をとらえた19篇を収録。

東條英機と天皇の時代　保阪正康

日本の現代史上、避けて通ることのできない存在である東條英機。軍人から戦争指導者へ、そして極東裁判に至る生涯を通して、昭和期日本の実像に迫る。

水木しげるの ラバウル戦記　水木しげる

太平洋戦争の激戦地ラバウル。その戦闘に一兵卒として送り込まれ、九死に一生をえた作者が、体験が鮮明な時期に描いた絵物語風の戦記。

明治・大正・昭和 不良少女伝　平山亜佐子

すれっからしのバッド・ガールたちが、魔都・東京を跋扈する様子を生き生きと描く。自由を追い求めた近代少女の真実に迫った快列伝。（井上章一）

鬼の研究　馬場あき子

かつて都大路に出没した鬼たち、彼らはほろんでしまったのだろうか。日本の歴史の暗部に生滅した〈鬼〉の情念を独自の視点で捉える。（谷川健一）

武士の娘　杉本鉞子　大岩美代 訳

明治維新期に越後の家に生まれ、厳格なしつけと礼儀作法を身につけた少女が開化期の息吹にふれて渡米、近代的女性となるまでの傑作自伝。

自分のなかに歴史をよむ　阿部謹也
キリスト教に彩られたヨーロッパ中世社会の研究で知られる著者が、その学問的来歴をたどり直すことを通して描く〈歴史学入門〉。（山内進）

世界史の誕生　岡田英弘
世界史はモンゴル帝国と共に始まった。東洋史と西洋史の垣根を超えた世界史を可能にした、中央ユーラシアの草原の民の活動。

サンカの民と被差別の世界　五木寛之
歴史の基層に埋もれた、忘れられた日本を掘り起こす。漂泊に生きた海の民・山の民。身分制で賤民とされた人々。彼らが現在に問いかけるものとは。

張形と江戸女　田中優子
江戸時代、張形は女たち自身が選び、楽しむものだった。江戸の大らかな性を春画から読み解く。図版追加。カラー口絵4頁。（白倉敬彦）

隣のアボリジニ　上橋菜穂子
大自然の中で生きるイメージとは裏腹に、町で暮らすアボリジニもたくさんいる。そんな「隣人」アボリジニの素顔をいきいきと描く。（池上彰）

奴隷のしつけ方　マルクス・シドニウス・ファルクス　ジェリー・トナー解説　橘明美訳
奴隷の買い方から反乱を抑える方法まで、古代ローマ貴族が現代人に向けて平易に解説。奴隷なくして回らない古代ローマの姿が見えてくる。（栗原康）

江戸衣装図絵　奥方と町娘たち　菊地ひと美
江戸二六〇年の間、変わり続けた女たちのファッション。着物の模様、帯の結び、髪形、装身具など、その流行の変遷をカラーイラストで紹介する。

江戸衣装図絵　武士と町人　菊地ひと美
江戸の男たちの衣装は仕事着として発達した。やがて、遊び心や洒落心から様々なスタイルが生まれた。そのすべてをカラーイラストで紹介する。

幕末単身赴任　下級武士の食日記　増補版　青木直己
きな臭い世情なんてなんのその、単身赴任でやってきた勤番侍が幕末江戸の〈食〉を大満喫！　残された日記から当時の江戸のグルメと観光を紙上再現。

その後の慶喜　家近良樹
幕府瓦解から大正まで、若くして歴史の表舞台から姿を消した最後の将軍の〝長い余生〟を近しい人間の記録を元に明らかにする。（門井慶喜）

ねにもつタイプ 岸本佐知子

何となく気になることにこだわる、ねにもつ。思索、奇想、妄想はばたく脳内ワールドをリズミカルな名短文でつづる。第23回講談社エッセイ賞受賞。

TOKYO STYLE 都築響一

小さい部屋が、わが宇宙。ごちゃごちゃと、しかし快適に暮らす、僕らの本当のトウキョウ・スタイルはこんなものだ！ 話題の写真集文庫化！

自分の仕事をつくる 西村佳哲

仕事をすることは会社に勤めること、ではない。仕事を「自分の仕事」にできた人たちに学ぶ、働き方のデザインの仕方とは。（稲本喜則）

世界がわかる宗教社会学入門 橋爪大三郎

宗教なんてうさんくさい⁉ でも宗教は文化や価値観の骨格であり、それゆえ紛争のタネにもなる。世界宗教のエッセンスがわかる充実の入門書。

ハーメルンの笛吹き男 阿部謹也

「笛吹き男」伝説の裏に隠された謎はなにか？ 十三世紀ヨーロッパの小さな村で起きた事件を手がかりに中世における「差別」を解明。（石牟礼道子）

増補 日本語が亡びるとき 水村美苗

明治以来豊かな近代文学を生み出してきた日本語が、いま、大きな岐路に立っている。我々にとって言語とは何なのか。第8回小林秀雄賞受賞作に大幅増補。

子は親を救うために「心の病」になる 高橋和巳

子は親が好きだからこそ「心の病」になり、親を救おうとしている。精神科医である著者が説く、親子という「生きづらさ」の原点とその解決法。

クマにあったらどうするか 姉崎等 片山龍峯

「クマは師匠」と語り遺した狩人が、アイヌ民族の知恵と自身の経験から導き出した超実践クマ対処法。クマと人間の共存する形が見えてくる。（遠藤ケイ）

脳はなぜ「心」を作ったのか 前野隆司

「意識」とは何か。どこまでが「私」なのか。死んだら「心」はどうなるのか。――「意識」と「心」の謎に挑んだ話題の本の文庫化。（夢枕獏）

モチーフで読む美術史 宮下規久朗

絵画に描かれた代表的な「モチーフ」を手掛かりに美術を読み解く、画期的な名画鑑賞の入門書。カラー図版約150点を収録した文庫オリジナル。

ちくま文庫

虐殺《ぎやくさつ》のスイッチ

一人《ひとり》すら殺《ころ》せない人《ひと》が、なぜ多《おお》くの人《ひと》を殺《ころ》せるのか？

二〇二三年七月十日　第一刷発行
二〇二四年四月五日　第三刷発行

著者　森達也（もり・たつや）
発行者　喜入冬子
発行所　株式会社　筑摩書房
東京都台東区蔵前二―五―三　〒一一一―八七五五
電話番号　〇三―五六八七―二六〇一（代表）
装幀者　安野光雅
印刷所　三松堂印刷株式会社
製本所　三松堂印刷株式会社

ISBN978-4-480-43881-2 C0195